ELO

Como maestro de Escuela Dominical durante veinte años, Beta ha sido el mejor curso que he dictado. Los participantes también afirmaron que esa fue la mejor clase a la que asistieron, y que todos en la iglesia deberían tomar este curso.

JOHN FUGATE, MÉDICO
Christ Presbyterian Church
Edina, Minnesota

Nota: Los siguientes comentarios son de participantes en un seminario Beta. El número entre paréntesis después de la identificación profesional de cada persona indica cuántos años hace que ha conocido al Señor.

Este curso me ha ayudado en todo. Ha contribuido a fortalecer mi fe, mis habilidades y mi confianza. Aprecié mucho la enseñanza y el compañerismo.
Consejero jubilado (4)

Me ayudó a saber que nadie (ni siquiera mi esposo) me puede impedir que sea la persona que Dios planeó que fuera.
Ama de casa y música (40)

Este curso ha aligerado la carga de mis hombros. Me siento renovado. Fue como si el Señor me hubiera hablado, y en consecuencia me siento más cerca de Jesús.
Un jubilado (18)

Me siento mucho más cerca de Jesús, y he aprendido muchas formas de mostrar cuánto me ama. Aprendí que lo mejor que puedo llegar a ser es lo que Él planeó que fuera: una esposa y madre, y criar a mis hijos para que sirvan y amen a nuestro Señor.
Ama de casa (18)

Me abrió los ojos y me liberó. Puso todo en perspectiva con ayudas tangibles para saber quién soy en Cristo y cómo transitar el camino en victoria.
Ama de casa y maestra (46)

Me ayudó a liberarme del pasado, de tal modo que puedo mirar al futuro.
Ama de casa (33)

El enfoque en la libertad que tenemos en Cristo ayudó a traer una nueva dimensión a mi fe.
Gerente de empresas (3)

Me ayudó a comprender y me dio los recursos para deshacerme de la carga que aún llevaba después de todos estos años.
Ama de casa (8)

Entendí con mayor claridad mi vida cristiana, y comprendí cómo debían cambiar las cosas en mi vida; yo debía cambiar.
Vendedor (50)

Renovó mi fe, restauró un proceso de pensamiento positivo, restauró a Dios al lugar que debe ocupar en mi vida y restauró en mí un sentido de importancia que últimamente había perdido.
Programador de computadoras jubilado (8)
Me ayudó a volver a mi primer amor por Cristo. También me ayudó a recordar de dónde he venido y a reafirmar mi fe.
Gerente de servicios (30)
En realidad, estimuló y renovó mi caminar con Cristo, me ayudó a entender la batalla por mi mente y mis emociones, y me confirmó quién soy en Cristo.
Estudiante universitario (8)
El curso reforzó verdades bíblicas y me ayudó a enfrentar cierto pecado en mi vida.
Ama de casa (50)
Me siento más enfocada en Jesús y en la influencia que puede tener en mi vida si se lo permito.
Ama de casa (23)
Me hizo volver a concentrarme en hablar más de mi fe, en orar por oportunidades, en confiar más en Jesús, y en hablar con valentía y libertad.
Maestro (49)
Este curso me reafirmó que Dios me ama. Ya no tengo que llevar esa carga sobre mí. Soy una nueva persona que es libre y que espera, más bien que ora, poder servir al Señor Jesucristo.
Ama de casa y contadora (3)
Cimentó mi fe en Cristo, iluminó las verdades y reveló mis falsas ideas acerca de mi caminar con Él.
Agente de bienes raíces (10)
Creo que me ha dado nueva perspectiva y esperanzadores medios para terminar con mi pasado.
Agente comercial (37)
Fue una fabulosa base en cuanto a quién soy en Cristo y me entusiasmó a profundizar más.
Maestro (6)
Me ayudó a vislumbrar y a apropiarme de quién soy en Cristo, y a entender lo que eso significa. Soy una persona renovada.
Maestro (15)
Extraordinario cimiento para quién soy en Cristo.
Ejecutivo de mercadotecnia (33)
Hubo excelente comprensión y reafirmación de la verdad expresada de manera claramente comprensible.
Trabajadora de guardería (21)
Amplió mi visión del reino de Dios, de mi parte en él, y me reafirmó cuán importante es la integridad en Jesús.
Diseñadora de interiores (10)
Me ha bendecido mucho. Este curso me ha dado un discernimiento increíble en algunas de las situaciones que enfrento, y el Señor me mostró algunos aspectos en mi vida en que Él desea ministrarme. Encontré libertad en cuestiones importantes.
Diseñador gráfico y consejero cristiano (26)

GUÍA PARA ESTUDIANTES

beta

NEIL T. ANDERSON
Y MINISTERIO DE LIBERTAD EN CRISTO

Publicado por
Editorial Unilit
Miami, Fl. 33172
Derechos reservados.

© 2005 Editorial Unilit (Spanish Translation)
Primera edición 2005

Publicado en inglés con el título:
Beta: Student Guide
© 2004 por Neil T. Anderson
Publicado por *Regal Books*, una división de
Gospel Light Publications, Inc.
Todos los derechos reservados

Beta: Student Guide
© 2004 por Neil T. Anderson
Originally published in the USA by *Regal Books*,
A division of *Gospel Light Publications, Inc.*
Ventura, CA 95006
All rights reserved

Reservados todos los derechos. Ninguna parte de esta publicación
podrá ser reproducida ni transmitida en medio alguno
(electrónico, mecánico, fotocopia, cinta magnetofónica u otro)
sin el permiso previo de los editores, excepto para breves citas en reseñas.

Traducción y edición: *Rojas & Rojas Editores, Inc.*
Fotografía de la portada: *Digitalvision*

Las citas bíblicas se tomaron de la Santa Biblia, Versión Reina Valera 1960
© Sociedades Bíblicas Unidas; *La Santa Biblia, Nueva Versión Internacional*
© 1999 Sociedad Bíblica Internacional. Usadas con permiso.

Producto 495442
ISBN 0-7899-1393-3
Impreso en Colombia
Printed in Colombia

CONTENIDO

Introducción 6

Primera sesión: Las Buenas Nuevas: 1 Juan 5:12 7
Por medio de Jesucristo podemos restaurar la relación con Dios que destruyó el pecado de Adán y Eva.

Segunda sesión: Una nueva identidad en Cristo: 1 Corintios 5:16-17 12
La Biblia enseña que los cristianos son nuevas criaturas en Cristo (ver 2 Corintios 5:17). Somos hijos de Dios y estamos invitados a entrar con valentía a la presencia de Dios.

Tercera sesión: Vivamos por fe: Hebreos 11:6 18
Todo el mundo vive por fe, incluso los incrédulos. Es esencial que lo que creemos como cristianos concuerde con lo que Dios nos ha revelado en su Palabra.

Cuarta sesión: Cómo reestructurar nuestra cosmovisión: Colosenses 2:6-8 23
Las personas en todo el mundo tienen diferentes percepciones de la realidad. La verdadera sabiduría es ver la vida desde la perspectiva de Dios.

Quinta sesión: Vivamos en el Espíritu: Gálatas 5:16-18 29
La Biblia dice que si caminamos en el Espíritu no satisfaremos los deseos de la carne (ver Gálatas 5:16). A través de la gracia vivimos ahora en el poder del Espíritu Santo.

Sexta sesión: La renovación de la mente: 2 Corintios 10:3-5 33
Convertirnos en cristianos no cambia al instante el modo en que pensamos. Debemos renovar de forma activa nuestras mentes a la verdad de la Palabra de Dios.

Séptima sesión: La batalla por la mente: Efesios 6:11-13 37
Los cristianos están en una batalla espiritual. Comprender las asechanzas del diablo y la posición y autoridad del creyente en Cristo nos equipará para ganar esta batalla.

Octava sesión: Libertad emocional: Efesios 4:25-27; 1 Pedro 5:7-8 42
Las emociones son sobre todo un producto de lo que hemos decidido pensar y creer. Mientras más creamos que lo que Dios dice es verdad, menos experimentaremos enojo, temor y depresión.

Novena sesión: Perdón de corazón: Efesios 4:31-32 47
Nada mantiene más a los creyentes en esclavitud al pasado que la falta de perdón. Perdonar de corazón nos libera de nuestro pasado y sana nuestro dolor emocional.

> **Sesión extra: Los Pasos Hacia la Libertad en Cristo: 2 Timoteo 2:24-26** 52

Décima sesión: Relaciones santas: Mateo 22:37-40 87
Como cristianos tenemos que relacionarnos unos con otros en amor. Para hacer esto debemos comprender nuestros derechos y nuestras responsabilidades, debemos saber la diferencia entre juicio y disciplina, y debemos aprender cómo podemos suplir las necesidades de los demás.

Undécima sesión: Propósitos y deseos: 1 Timoteo 1:5 93
Como cristianos debemos establecer los propósitos de Dios para nuestras vidas y distinguir sus metas para nuestros deseos personales.

Duodécima sesión: Andemos en el buen camino: Filipenses 4:11-13 98
Debemos examinar lo que creemos, y renovar nuestras mentes a la verdad de la Palabra de Dios si en realidad vamos a ser triunfadores, y sentirnos realizados, satisfechos y contentos.

INTRODUCCIÓN

Jesús dijo: «Conoceréis la verdad, y la verdad os hará libres» (Juan 8:32). El apóstol Pablo escribió: «Estad, pues, firmes en la libertad con que Cristo nos hizo libres» (Gálatas 5:1). ¿Te gustaría llevar una vida liberada en Cristo? ¿Te gustaría saber cómo vivir por fe en el poder del Espíritu Santo? ¿Te gustaría saber por qué quizá estés batallando aun siendo un creyente, y cómo puedes resolver conflictos personales y espirituales? ¿Te gustaría entender la batalla por tu mente, y cómo esta te afecta de manera emocional? ¿Te gustaría aprender a relacionarte con los demás en amor, y también saber cómo Cristo suple todas tus necesidades? Estoy seguro que te gustaría todo eso, y para lograrlo está diseñado este curso.

LOS OBJETIVOS DE ESTE CURSO

Este curso te permitirá

- Entender la creación de Dios, la Caída y el evangelio de tal modo que puedas relacionarte con tu Padre celestial e integrar la vida de Jesucristo en tu existencia cotidiana.
- Comprender la naturaleza de la batalla espiritual por tu mente, y equiparte para vencer las tentaciones del mundo, la carne y el demonio.
- Entender cómo se desarrollan las fortalezas mentales enemigas, y cómo se pueden derribar a través de una relación con Jesucristo.
- Ser libre de manera mental y emocional de tu pasado mediante el proceso de perdonar a otros.
- Resolver los conflictos personales y espirituales a través del arrepentimiento sincero.
- Vivir por fe en el poder del Espíritu Santo a fin de madurar y dar fruto.
- Relacionarte con otras personas desde la perspectiva de la gracia de Dios.
- Continuar en la senda de renovación de tu mente y de conformarte a la imagen de Dios.

Cristo es la única respuesta para este mundo caído, y su verdad te hará libre. Nadie puede cambiar tu pasado. Ni siquiera Dios lo hace. Él te hace una nueva criatura en Cristo y te libera de tu pasado. Este curso está diseñado para ayudarte a apropiarte de lo que Cristo ya logró por ti. El Espíritu Santo te guiará a toda verdad, y esa verdad te hará libre.

Dr. Neil T. Anderson

Primera sesión
LAS BUENAS NUEVAS

EL QUE TIENE AL HIJO, TIENE LA VIDA; EL QUE NO
TIENE AL HIJO DE DIOS NO TIENE LA VIDA.

1 JUAN 5:12

PALABRA

¿Has pensado alguna vez acerca de quién eres y por qué naciste? ¿Eres solo un ser físico que se gana la vida, que espera tener un poco de placer en la vida y que luego muere? ¿Eres el que aparentas ser? Si otros te conocieran de veras, ¿les gustarías? Quizá lo siguiente exprese cómo te sientes:

No te dejes engañar por mí. No te dejes engañar por el rostro que uso. Utilizo una máscara. Utilizo miles de máscaras… máscaras que tengo miedo quitarme y ninguna de ellas soy yo.

Aparentar es un arte que para mí es una segunda naturaleza, pero no te dejes engañar. Por mi bien, no te dejes engañar. Doy la impresión de que soy seguro, que todo es agradable y tranquilo dentro y fuera de mí, que confianza es mi nombre y aplomo es mi juego; que el mar está en calma y que yo estoy al mando y que no necesito a nadie. Sin embargo, no me creas, por favor. Por encima podría parecer en calma, pero mi superficie es mi máscara, mi siempre variable y disimuladora máscara.

Por debajo no hay petulancia ni conformidad. Por debajo yace el verdadero yo, confuso, temeroso y solitario. Oculto eso. No quiero que nadie lo sepa. Me da pánico de solo pensar que mi debilidad y mi temor queden al descubierto. Es por eso que que desesperado me fabrico una máscara, una fachada compleja e imperturbable, que me oculta, que me ayuda a aparentar, que me protege de la mirada que sabe. Aun así, tal mirada es justo mi salvación, mi única salvación, y yo lo sé. Es decir, está seguida por aceptación si va seguida de amor.

Es lo único que me puede liberar de mí mismo, de los muros de mi propia prisión, de las barreras que levanto de forma tan meticulosa. Es lo único que me asegurará lo que no puedo asegurar por mí mismo: que en realidad soy algo…

«¿Quién soy?», quizá te preguntes. Soy alguien que conoces muy bien. Soy todo hombre con el que te encuentras. Soy toda mujer con la que te topas. Soy todo niño al que encuentras. Estoy exactamente frente a ti. Por favor… ¡ámame![1]

CREADO A IMAGEN DE DIOS

Génesis 1:26-27
- Vivo de manera física y espiritual
- Importante
- Seguro
- Aceptado

CONSECUENCIAS DE LA CAÍDA

A. Muerte espiritual

Aunque Adán y Eva no tuvieron muerte física en el momento en que comieron del árbol prohibido, murieron espiritualmente (ver Génesis 2:16-17). Como consecuencia, todo descendiente de Adán nace en este mundo vivo de manera física, pero muerto en lo espiritual (ver Romanos 5:12; 1 Corintios 15:21-22).

B. Depravación mental

Pablo describió a los descendientes de Adán como con «el entendimiento entenebrecido, ajenos de la vida de Dios por la ignorancia que en ellos hay, por la dureza de su corazón» (Efesios 4:18).

C. Depravación emocional
- Se sintieron temerosos y ansiosos.
- Se sintieron culpables y avergonzados.
- Se sintieron deprimidos y enojados.
- Se sintieron impotentes.
- Se sintieron rechazados.

Las Buenas Nuevas: ¡Jesús vino para darnos vida!

Jesús fue como el primer hombre, Adán, en que tenía vida física y espiritual. A diferencia de Adán, Jesús nunca pecó. Él modeló para nosotros una persona que puede estar vivo en lo espiritual en este mundo caído siempre y cuando viva dependiendo del Padre. Sin embargo, Jesús nos dio más que un ejemplo; vino a darnos vida. Él dijo: «Yo he venido para que tengan vida, y para que la tengan en abundancia» (Juan 10:10). El Evangelio de Juan declara: «En él estaba la vida, y la vida era la luz de los hombres» (Juan 1:4). En Cristo se restaura la vida, la aceptación, la seguridad y la importancia.

Quién soy en Cristo

Soy aceptado

Juan 1:12	Soy hijo de Dios.
Juan 15:15	Soy amigo de Cristo.
Romanos 5:1	He sido justificado.
1 Corintios 6:17	Estoy unido con el Señor, y soy uno con Él en espíritu.
1 Corintios 6:19-20	He sido comprado por precio. Pertenezco a Dios.
1 Corintios 12:27	Soy miembro del Cuerpo de Cristo.
Efesios 1:1	Soy un santo.
Efesios 1:5	He sido adoptado como hijo de Dios.
Efesios 2:18	Tengo acceso directo al Señor por medio del Espíritu Santo.
Colosenses 1:14	He sido redimido y perdonado de todos mis pecados.
Colosenses 2:10	Estoy completo en Cristo.

Estoy seguro

Romanos 8:1-2	Estoy libre de toda condenación.
Romanos 8:28	Tengo la seguridad de que todas las cosas obran para bien.
Romanos 8:31-34	Estoy libre de toda acusación condenatoria contra mí.
Romanos 8:35-39	Nada me puede separar del amor de Dios.
2 Corintios 1:21-22	El Señor me ha establecido, ungido y sellado.
Filipenses 1:6	Confío en que se perfeccionará la buena obra que Dios ha empezado en mí.
Filipenses 3:20	Soy ciudadano del cielo.
Colosenses 3:3	Estoy escondido con Cristo en Dios.
2 Timoteo 1:7	No se me ha dado un espíritu de temor sino de poder, amor y dominio propio.
Hebreos 4:16	Puedo encontrar gracia y misericordia para ayudar en tiempos de necesidad.
1 Juan 5:18	Soy nacido de Dios, y el diablo no puede tocarme.

Soy importante

Mateo 5:13-14	Soy la sal y la luz de la tierra.
Juan 15:1, 5	Soy una rama de la vid verdadera, un canal de su vida.

Juan 15:16	Me escogieron y señalaron para llevar fruto.
Hechos 1:8	Soy un testigo personal de Cristo.
1 Corintios 3:16	Soy templo de Dios.
2 Corintios 5:17-21	Soy ministro de reconciliación para Dios.
2 Corintios 6:1	Soy colaborador de Dios (ver 1 Corintios 3:9).
Efesios 2:6	Estoy sentado con Cristo en el reino celestial.
Efesios 2:10	Soy hechura de Dios.
Efesios 3:12	Tengo acceso a Dios con libertad y confianza.
Filipenses 4:13	Puedo hacer todo en Cristo que me fortalece.

TESTIMONIO

¿Cómo le explicarías a alguien que todavía no es cristiano la verdad de que en última instancia sus necesidades básicas, su identidad, su aceptación y su seguridad pueden encontrar satisfacción en Cristo?

PREGUNTAS PARA DISCUTIR

1. Piensa en la vida cotidiana de Adán y Eva antes de la Caída. ¿En qué era distinta su vida con relación a la tuya?

2. ¿Cuál fue el efecto del pecado de Adán y Eva en nuestros cuerpos físicos?

3. ¿Cuál fue el efecto del pecado de Adán y Eva en nuestras emociones?

   ¿Cuándo fuiste consciente de sentimientos de culpa, impotencia y rechazo?

   ¿Con qué sentimientos te identificas en particular?

4. Jesús vino a darnos algo. ¿Qué es ese algo?

5. ¿Qué impacto tuvo en ti la lectura de «Quién soy en Cristo»?

¿Qué versículos fueron especialmente significativos y por qué?

6. Si Dios dice algo acerca de ti que no *sientes* que es verdad o que no corresponde a la percepción que tienes de ti mismo, ¿cómo deberías responder? ¿Por qué?

LLÉVALO CONTIGO

SUGERENCIA PARA MOMENTOS DE QUIETUD
En voz alta lee todos los días la lista «Quién soy en Cristo». Selecciona cada día una de las verdades que sea apreciable para ti de manera particular. Pasa algún tiempo leyendo en contexto el correspondiente versículo, o versículos, y pídele al Señor que te ayude a entender más en detalle su Palabra.

LA GRAN PREGUNTA
Antes de la próxima sesión, considera la siguiente inquietud:

Supón que estás hablando con alguien que aún no es cristiano. ¿Cómo resumirías en unas cuantas frases el mensaje del evangelio?

Nota
1. Dov Peretz Elkins, *Glad to Be Me: Building Self-Esteem in Yourself and Others*, rev. ed., Growth Associates, Rochester, NY, 1989, n.p.

Segunda sesión

UNA NUEVA IDENTIDAD EN CRISTO

DE MANERA QUE NOSOTROS DE AQUÍ EN ADELANTE A NADIE CONOCEMOS SEGÚN LA CARNE; Y AUN SI A CRISTO CONOCIMOS SEGÚN LA CARNE, YA NO LO CONOCEMOS ASÍ. DE MODO QUE SI ALGUNO ESTÁ EN CRISTO, NUEVA CRIATURA ES; LAS COSAS VIEJAS PASARON; HE AQUÍ TODAS SON HECHAS NUEVAS.

2 CORINTIOS 5:16-17

PALABRA

Cuando aceptamos a Jesús como nuestro Salvador, Él cambia nuestra misma naturaleza: ya no somos personas que contrariamos a Dios, sino individuos en los que Él se deleita. Esto puede ser difícil de aceptar para algunos porque no *sienten* diferencia alguna o por lo que han creído acerca de sí mismos en el pasado. Sin embargo, la Palabra de Dios nos asegura que esto ocurre a pesar de lo que sintamos o creamos acerca de nosotros mismos.

Pon una marca en la casilla de la frase que te describe mejor:

❏ Con frecuencia siento que Dios me ha rechazado.
❏ A veces creo que el Señor me acepta, pero hay ocasiones en que no me acepta.
❏ Creo que Dios siempre me acepta.

- ❏ No me siento contento de mí mismo.
- ❏ Solo soy una persona promedio que trata de aportar algo a la vida.
- ❏ Sé quién soy y para qué me creó Dios.

- ❏ A menudo dudo que voy a ir al cielo cuando muera.
- ❏ Espero ir al cielo cuando muera.
- ❏ Tengo la seguridad que estaré con Jesús cuando muera.

UNA NUEVA CRIATURA
1 Pedro 2:9-10

- En otro tiempo éramos tinieblas, mas ahora somos luz en el Señor (Efesios 5:8).

- El Padre «nos ha librado de la potestad de las tinieblas, y trasladado al reino de su amado Hijo» (Colosenses 1:13).

- «Si alguno está en Cristo, nueva criatura es; las cosas viejas pasaron; he aquí todas son hechas nuevas» (2 Corintios 5:17).

- Hemos sido injertados en Cristo (ver Juan 15:1-5; Colosenses 2:6-7).

- Tenemos un nuevo corazón y un nuevo espíritu (ver Ezequiel 11:19).

Jesús dijo: «Por sus frutos los conoceréis» (Mateo 7:20). Pablo dijo: «De aquí en adelante a nadie conocemos según la carne» (2 Corintios 5:16). Como cristianos no se nos reconoce por nuestra herencia natural, descendientes de Adán y Eva, sino por nuestra herencia espiritual: quiénes somos en Cristo. Somos nuevas criaturas; nos hemos convertido en participantes de la naturaleza divina de Jesucristo (ver 2 Pedro 1:4). En el Antiguo Testamento se profetizó que los creyentes recibirían un nuevo corazón y un nuevo espíritu (ver Ezequiel 11:19). En el momento en que nacimos de nuevo heredamos una identidad central del todo nueva. En el corazón mismo de todo creyente hay una nueva semilla de vida que está esperando para enraizarse y germinar en justicia.

Santo, no pecador

Si has recibido a Jesús como tu Señor, no eres un pecador perdonado, sino un santo redimido. En el instante en que te conviertes en cristiano, tu identidad central, o quién eres de verdad en el fondo, cambia de alguien que estaba excluido de Dios a alguien que es aceptado, seguro e importante en Cristo.

EN CRISTO

Puesto que estoy en Cristo

Mateo 5:13	Soy la sal de la tierra.
Mateo 5:14	Soy la luz del mundo.
Juan 1:12	Soy hijo de Dios.
Juan 15:1, 5	Soy una rama de la vid verdadera, un conducto de la vida de Cristo.
Juan 15:15	Soy amigo de Cristo.
Juan 15:16	Soy escogido y señalado para llevar fruto.
Romanos 6:18	Soy esclavo de la justicia.
Romanos 6:22	Soy siervo de Dios.
Romanos 8:14-15	Soy hijo de Dios.
Romanos 8:17	Soy coheredero con Cristo y participante de su herencia con Él.
1 Corintios 3:16	Soy templo de Dios.
1 Corintios 6:17	Estoy unido con el Señor y soy un espíritu con Él.
1 Corintios 12:27	Soy miembro del Cuerpo de Cristo.
2 Corintios 5:17	Soy una nueva criatura.
2 Corintios 5:18-19	Estoy reconciliado con Dios y soy un ministro de reconciliación.
Gálatas 3:26-28	Soy hijo de Dios y uno en Cristo.
Gálatas 4:6-7	Soy heredero de Dios, ya que soy hijo de Dios.
Efesios 1:1	Soy un santo.
Efesios 2:10	Soy hechura de Dios.
Efesios 2:19	Soy conciudadano de los santos y miembro de la familia de Dios.
Efesios 3:1; 4:1	Soy prisionero de Cristo.
Efesios 4:24	Soy justo y santo.
Filipenses 3:20	Soy ciudadano del cielo.
Colosenses 3:3	Estoy escondido con Cristo en Dios.
Colosenses 3:4	Soy una expresión de la vida de Cristo porque Él es mi vida.
Colosenses 3:12	Soy escogido de Dios, santo y amado.
1 Tesalonicenses 1:4	Soy escogido y amado de Dios.
1 Tesalonicenses 5:5	Soy hijo de luz y no de tinieblas.
Hebreos 3:1	Soy un hermano santo, participante de un llamado celestial.
Hebreos 3:14	Soy participante de Cristo: participo en su vida.
1 Pedro 2:5	Soy una de las piedras vivas de Dios y me está edificando como casa espiritual santa.
1 Pedro 2:9	Soy linaje escogido, real sacerdocio, nación santa, pueblo adquirido por Dios, para que anuncie las virtudes de Él.
1 Pedro 2:11	Soy extranjero y peregrino en este mundo, en el cual vivo temporalmente.
1 Pedro 5:8	Soy adversario del diablo.
1 Juan 3:1-2	Soy ahora hijo de Dios. Seré semejante a Cristo cuando este regrese.
1 Juan 5:18	Soy nacido de Dios y el maligno no puede tocarme.

Éxodo 3:14
    Juan 8:58;
    1 Corintios 15:10
	No soy el gran YO SOY, pero por la gracia de Dios, soy quien soy.

UNA PERSONA DEL TODO NUEVA

Si te crees un pecador perdonado pero aún pecador, ¿qué harás probablemente? Pecar, ¡por supuesto! Para llevar una vida verdaderamente justa tendrías que ser una nueva criatura en Cristo; y Dios ya ha logrado eso para ti.

EL EVANGELIO COMPLETO

- «No sabes lo que me han hecho». Esto no cambia quién eres en Cristo.

- «No sabes cuán malo he sido». Esto no cambia quién eres en Cristo.

- «No sabes qué fracasos he tenido como cristiano». Esto no cambia quién eres en Cristo. Cristo te amaba cuando aún eras pecador. Eso no se ha detenido ahora que estás en Él.

- «Sin embargo, ¿qué de mis pecados en el futuros?» Cuando Cristo murió por todos nuestros pecados (ver Romanos 6:10), ¿cuántos de tus pecados no se habían cometido todavía?

- «¿No estaría lleno de orgullo si creyera todas esas cosas acerca de mí?» Tu nueva identidad en Cristo no es algo que te has ganado. Es un regalo hecho posible solo mediante la gracia de Dios. No eres salvo por cómo te comportas; eres salvo por lo que crees.

La verdad acerca de tu Padre Dios

Rechazo la mentira de que mi Padre Dios es	Prefiero creer la verdad de que mi Padre Dios *es*
Distante y no se interesa en mí	Cercano e involucrado [ver Salmo 139:1-18]
Insensible e indiferente	Amable y compasivo [ver Salmo 103:8-14]
Severo y exigente	Reconocido y lleno de gozo y amor [ver Sofonías 3:17; Romanos 15:7]
Pasivo y frío	Cálido y afectuoso [ver Isaías 40:11; Oseas 11:3-4]
Ausente y demasiado ocupado para atenderme	Alguien siempre conmigo y ansioso de estar conmigo [ver Jeremías 31:20; Ezequiel 34:11-16; Hebreos 13:5]
Impaciente, iracundo y rechazador	Paciente y lento para la ira [ver Éxodo 34:6; 2 Pedro 3:9]
Malo, cruel o abusador	Amoroso, dulce y protector [ver Jeremías 31:3; Isaías 42:3; Salmo 18:2]
Alguien que trata de eliminar la alegría de vivir	Confiable y quiere darme una vida plena; su voluntad es buena, agradable y perfecta [ver Lamentaciones 3:22-23; Juan 10:10; Romanos 12:1-2]
Controlador o manipulador	Lleno de gracia y misericordia, y me permite fracasar [ver Lucas 15:11-16; Hebreos 4:15-16]
Condenador o no perdonador	Bondadoso y perdonador; su corazón y sus brazos siempre están abiertos para mí [ver Salmo 130:1-4; Lucas 15:17-24]
Un perfeccionista exigente que se fija en nimiedades	Comprometido con mi crecimiento y orgulloso de mí como su hijo amado [ver Romanos 8:28-29; Hebreos 12:5-11; 2 Corintios 7:4]

¡SOY LA NIÑA DE SUS OJOS!
(Ver Deuteronomio 32:9-10)

TESTIMONIO

Adán y Eva perdieron la vida en la Caída; Jesús vino a darnos vida. A las personas no les gusta que las juzguen, por lo que llamarlas pecadoras podría ser contraproducente. Pascal dijo que en cada persona hay un vacío en forma de Dios. La gente *necesita* nueva vida en Cristo. ¿Cómo ese conocimiento te podría ayudar cuando das testimonio a otros?

PREGUNTAS PARA DISCUTIR

1. ¿Hasta qué punto has batallado con una imagen negativa de ti mismo? ¿Qué te hizo sentir de ese modo acerca de ti mismo?

2. ¿Te has percibido como un pecador o un santo? ¿Qué o quién contribuyó a esa evaluación?

3. ¿Por qué es tan importante entender el evangelio completo?

4. ¿Qué deberíamos hacer cuando pecamos?

5. ¿Cuál ha sido tu percepción de Dios en el pasado, y qué contribuyó a tal apreciación? ¿Cuál es tu percepción actual? ¿Por qué?

LLÉVALO CONTIGO

SUGERENCIA PARA MOMENTOS DE QUIETUD
Cada día de esta semana lee en voz alta toda la lista «En Cristo». Busca cada versículo en la Biblia y léelo. Luego haz lo mismo con los versículos que revelan la verdad acerca de Dios.

LA GRAN PREGUNTA
Antes de la próxima sesión, considera la siguiente pregunta:

¿Cómo camina por fe un cristiano?

Para ayuda adicional, lee Neil T. Anderson y Dave Park, *Venzamos esa autoimagen negativa*, Editorial Unilit, Miami, FL, 2004.

Tercera sesión
VIVAMOS POR FE

Sin fe es imposible agradar a Dios; porque es necesario que el que se acerca a Dios crea que le hay, y que es galardonador de los que le buscan.
Hebreos 11:6

PALABRA

El relativismo es la filosofía predominante en nuestro mundo posmoderno. En contraste, el cristianismo afirma que Dios es la suprema realidad y que su Palabra es verdad absoluta. La creación no puede decidir qué es cierto y qué es auténtico; solo el Creador puede hacer eso. La verdad es algo que decidimos creer o no, y decidir creer lo que Dios dice que es cierto es el único medio por el cual podemos llevar una vida recta.

Completa las siguientes frases:
- Fe es…

- Tendría más fe si…

- La diferencia entre la fe cristiana y la fe de otras religiones es…

- Vivo por fe cuando…

LA ESENCIA DE LA FE

A. La fe depende de su objeto (ver Hebreos 13:8)

La única diferencia entre la fe cristiana y la fe que no es cristiana es el objeto de nuestra fe.

B. La medida de la fe depende de nuestro conocimiento del objeto de la fe (ver Romanos 10:17)

Si tienes poco conocimiento de Dios y de sus caminos, tendrás poca fe.

C. Fe es una palabra de acción (ver Santiago 2:17-18)

Las personas no siempre viven lo que profesan, pero siempre viven lo que han decidido creer. Lo que haces es solo un reflejo de lo que crees.

DISTORSIONES DE LA FE

A. Nueva Era y religiones o filosofías orientales

La fe sin acción es una distorsión, pero la Nueva Era y las filosofías orientales brindan otra distorsión de lo que significa creer.

Estos gurús enseñan: «Si te esfuerzas mucho en creer algo, lo que crees se volverá realidad». El cristianismo dice: «Es verdadero; por consiguiente, lo creemos». Creer algo no lo hace verdadero, no creer algo no lo hace falso.

B. El poder del pensamiento positivo contra el poder de la creencia verdadera

Si crees que estás vencido... lo estás.
Si crees que no eres capaz... no lo eres.
Si crees que perderás... ya perdiste.

Debido al mundo en que nos encontramos,
Ese éxito comienza con la voluntad de uno;
Todo está en la mente.
Las batallas de la vida no siempre terminan
Para el hombre más fuerte ni el más rápido;
Pero tarde o temprano el hombre que gana
Es aquel que piensa que puede[1].

VEINTE «PUEDOS» DEL ÉXITO

1. ¿Por qué decir que no puedo cuando la Biblia dice que todo lo puedo en Cristo que me fortalece? (Ver Filipenses 4:13).
2. ¿Por qué preocuparme por mis necesidades cuando sé que Dios suplirá todas mis necesidades según sus riquezas en gloria en Cristo Jesús? (Ver Filipenses 4:19).
3. ¿Por qué temer cuando la Biblia dice que Dios no me ha dado espíritu de temor, sino de poder, amor y de dominio propio? (Ver 2 Timoteo 1:7).
4. ¿Por qué me ha de faltar fe si la Biblia dice que el Señor me ha dado la medida de fe? (Ver Romanos 12:3).
5. ¿Por qué ser débil cuando la Biblia dice que el Señor es la fortaleza de mi vida, y que yo tendré fortaleza y actuaré porque conozco a Dios? (Ver Salmo 27:1; Daniel 11:32).
6. ¿Por qué dejar que Satanás controle mi vida cuando el que está en mí es mayor que el que está en el mundo? (Ver 1 Juan 4:4).
7. ¿Por qué aceptar la derrota cuando la Biblia dice que Dios siempre me lleva en victoria? (Ver 2 Corintios 2:14).
8. ¿Por qué me ha de faltar sabiduría si sé que Cristo se hizo sabiduría de Dios para mí, y que el Señor me da sabiduría abundantemente cuando se la pido? (Ver 1 Corintios 1:30; Santiago 1:5).
9. ¿Por qué deprimirme cuando puedo recordar la ternura, la compasión y la fidelidad de un Dios amoroso, y puedo tener esperanza? (Ver Lamentaciones 3:21-23).
10. ¿Por qué preocuparme y sentirme trastornado cuando puedo echar todas mis ansiedades en Cristo que cuida de mí? (Ver 1 Pedro 5:7).
11. ¿Por qué estar alguna vez en esclavitud si sé que hay libertad donde está el Espíritu del Señor? (Ver 2 Corintios 3:17; Gálatas 5:1).
12. ¿Por qué sentirme condenado cuando la Biblia dice que no hay condenación para quienes están en Cristo Jesús? (Ver Romanos 8:1).
13. ¿Por qué sentirme solo cuando Jesús dijo que Él siempre está conmigo y que nunca me dejará ni me desamparará? (Ver Mateo 28:20; Hebreos 13:5).
14. ¿Por qué sentirme con maldición o mala suerte cuando la Biblia dice que Cristo me rescató de la maldición de la ley a fin de que yo pueda recibir su Espíritu por fe? (Ver Gálatas 3:13-14).

15. ¿Por qué estar infeliz cuando, al igual que Pablo, puedo aprender a estar contento en cualquier circunstancia? (Ver Filipenses 4:11).
16. ¿Por qué sentirme indigno cuando Cristo se volvió pecado por mí para que yo fuese hecho justicia de Dios en Él? (Ver 2 Corintios 5:21).
17. ¿Por qué sentirme indefenso en la presencia de otros cuando sé que si Dios está por mí, quién puede estar en contra de mí? (Ver Romanos 8:31).
18. ¿Por qué estar confundido cuando Dios es el autor de la paz, y Él me da sabiduría por medio de su Espíritu que mora en mí? (Ver 1 Corintios 2:12; 14:33).
19. ¿Por qué sentirme fracasado cuando soy más que vencedor en Cristo que me amó? (Ver Romanos 8:37).
20. ¿Por qué dejar que las presiones de la vida me molesten, cuando puedo tener valor sabiendo que Jesús ha vencido al mundo y sus problemas? (Ver Juan 16:33).

TESTIMONIO

1. Piensa en alguien que conozcas que aún no es cristiano. ¿Qué dice la Biblia acerca de por qué no cree todavía (ver Romanos 10:14-15; 2 Corintios 4:4)?

2. ¿Cómo puedes hablar de tu fe con esta persona?

3. ¿Cómo puedes orar contra las atrocidades de Satanás?

PREGUNTAS PARA DISCUTIR

1. ¿Has experimentado alguna ocasión en que tuviste que confiar en Dios según su Palabra? ¿Qué sucedió?

2. ¿Estás de acuerdo en que todo el mundo vive por fe? Explica tu respuesta.

¿Cuánta fe crees que se necesita para creer que todo el universo apareció por casualidad?

3. ¿Estás de acuerdo en que la eficacia de tu fe la determina en quién o en qué pones tu fe, o tiene más que ver con cuánta fe tienes?

4. ¿Crees que podemos elegir tener fe? Sí o no, ¿por qué?

5. ¿Puedes pensar en una ocasión en que le pediste a Dios que hiciera algo y te desilusionó que no contestara tu oración de la manera que deseabas? (Por ejemplo, ¿has orado con fidelidad alguna vez que alguien sanara, pero la persona murió?) ¿Qué concluyes de tales experiencias difíciles?

6. Elías dijo: «¿Hasta cuándo claudicaréis vosotros entre dos pensamientos? Si Jehová es Dios, seguidle; y si Baal, id en pos de él» (1 Reyes 18:21). ¿Qué te impide proponerte basar tu vida solo en lo que Dios dice que es cierto, independientemente de tus sentimientos y las opiniones de los demás?

LLÉVALO CONTIGO

Sugerencia para momentos de quietud

Lee todos los días en voz alta la lista «Veinte "puedos" del éxito». Toma una de las verdades que sea adecuada en particular para ti y decide creerla, independientemente de tus sentimientos y circunstancias. ¡Hazte el propósito de caminar en fe basándote en la verdad que has aprendido esta semana!

La Gran Pregunta

Antes de la próxima sesión, considera la siguiente pregunta:

> ¿Cuán diferente es tu perspectiva de este mundo de la que tienen otros, y cuán diferente es de la manera que Dios ve este mundo?

Nota
1. Fuente desconocida.

Cuarta sesión
CÓMO REESTRUCTURAR NUESTRA COSMOVISIÓN

DE LA MANERA QUE HABÉIS RECIBIDO AL SEÑOR JESUCRISTO, ANDAD EN ÉL; ARRAIGADOS Y SOBREEDIFICADOS EN ÉL, Y CONFIRMADOS EN LA FE, ASÍ COMO HABÉIS SIDO ENSEÑADOS, ABUNDANDO EN ACCIONES DE GRACIAS. MIRAD QUE NADIE OS ENGAÑE POR MEDIO DE FILOSOFÍAS Y HUECAS SUTILEZAS, SEGÚN LAS TRADICIONES DE LOS HOMBRES, CONFORME A LOS RUDIMENTOS DEL MUNDO, Y NO SEGÚN CRISTO.

COLOSENSES 2:6-8

PALABRA

El mundo en que nos hemos criado ha influido en nuestra percepción de la realidad. Por consiguiente, tendemos a interpretar la vida desde una perspectiva mundana. Nuestra cosmovisión es como una cuadrícula por la cual evaluamos las experiencias vividas. Sabiduría es ver la vida desde la perspectiva de Dios y evaluar la vida a través de la cuadrícula de la Biblia. Cambiar nuestra cosmovisión implica arrepentimiento, lo cual literalmente significa un cambio de mentalidad.

DIFERENTES COSMOVISIONES
A. Animismo
El animismo es la cosmovisión más antigua y quizá la más ampliamente aceptada. En su forma más pura se encuentra en sociedades tribales y sin lenguaje escrito, pero algunos elementos los hallamos en sociedades más modernas. La mayoría de los animistas creen en un creador o dios (o dioses), pero ven a su dios o a sus dioses como seres tan lejanos que a uno le resulta difícil relacionarnos con ellos. Los animistas están más interesados en una fuerza espiritual impersonal, la cual creen que está presente en todo el universo: animal, vegetal y mineral, y que tiene espíritus de muchas clases (observa la figura 4-A).

Figura 4-A

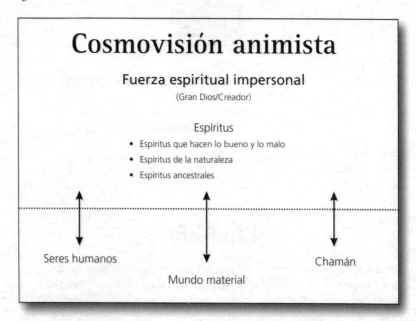

B. Religiones o filosofías orientales
1. En las religiones orientales no existe un Dios personal. Más bien hay una fuerza cósmica impersonal que está presente en todo.

2. El hinduismo es una de las religiones formalizadas más antiguas, y se remonta al año 1500 a.C.

3. El ayurveda es una clase de hinduismo que cree que la base de la vida está enraizada en el mundo inmaterial, en un campo de energía conocido como *prana*.

4. El taoísmo tiene dos rostros, el yin y el yang, los cuales se oponen entre sí y, sin embargo, son uno. Se dice que los seres humanos son inseparables del yin, el yang y el mundo que los rodea.

COSMOVISIÓN OCCIDENTAL MODERNA

Según la cosmovisión occidental moderna, el mundo en general se divide en dos ámbitos funcionales: el sobrenatural y el natural, como lo ilustra la figura 4-B. Todos los seres espirituales, incluyendo a Dios, los ángeles y los demonios, están situados en el ámbito sobrenatural porque no cuadran de manera funcional con el mundo natural de racionalismo científico. Desde esta perspectiva, hay un abismo entre el reino espiritual y el reino natural.

Figura 4-B

Cosmovisión occidental

(Dios)

Esfera sobrenatural de la religión

Ángeles y demonios

Mitad excluida

Reino natural de la ciencia

Personas

A. **Racionalismo y naturalismo**
El racionalismo y el naturalismo han dominado la cultura occidental durante gran parte del siglo XX. Aunque la mayoría de las personas afirman creer en Dios, no creen que la existencia de Dios impacte de manera importante la vida diaria.

B. **Posmodernismo**
Al racionalismo y al naturalismo los está reemplazando el posmodernismo como la cosmovisión predominante en el mundo occidental. Friedrich Nietzsche resumió el posmodernismo cuando dijo: «Existen muchas clases de ojos [...] Por consiguiente, hay muchas clases de "verdades" y, en consecuencia, no hay verdad»[1]. El posmodernismo no distingue entre lo que una persona piensa o hace y la persona en sí: *Quién soy es igual a lo que hago. Si me dices que mi conducta es mala, me estás juzgando. Si no estás de acuerdo con mis creencias, me estás despreciando.* Por lo tanto, hay una gran presión para aceptar el estilo de vida de todo el mundo como cierto y válido, sin importar cuál sea.

LA PALABRA DE DIOS ES VERDADERA

El Señor es la realidad suprema y es la verdad. La lógica y la fe cristiana no son incompatibles. Las normas de la lógica demuestran la existencia de un Dios racional que le ha revelado a la humanidad lo que es cierto. La revelación divina es consecuente con las ciencias naturales, puesto que el Señor creó todo lo que es natural y nos dejó con la capacidad de descubrir las leyes naturales que gobiernan el universo.

LA COSMOVISIÓN BÍBLICA (VER COLOSENSES 2:6-8)

La cosmovisión que enseñan los verdaderos profetas y apóstoles tiene tres ámbitos vigentes: el ámbito de Dios, el ámbito de los ángeles y el ámbito de las personas y las cosas materiales (ver la figura 4-C). Estos no son ámbitos espaciales, sino ámbitos del ser. Dios no está limitado a un ámbito espacial que existe en el lejano espacio sideral. Él está presente en todas partes de su creación y sustenta todas las cosas por su poder (ver Hebreos 1:3). Jehová Dios es el único ser en el ámbito de la deidad; no Dios y ángeles, y con toda certeza no Dios y Satanás. Satanás es un ser creado y no posee los atributos de Dios. Satanás es un ángel caído, y cuando se rebeló contra el Señor, fue expulsado del cielo y se llevó con él a un tercio de los ángeles.

Figura 4-C

Cosmovisión bíblica

(Dios)

Ámbito de los ángeles

Ámbito de las personas y las cosas

TESTIMONIO

1. ¿Cómo la comprensión de que todos crecemos con diferentes maneras de ver e interpretar el mundo nos ayudará a hablar a las personas que aún no son cristianas?

2. ¿Qué les dirías a esos que consideran a los que creen en la verdad absoluta como de miras estrechas e intolerantes?

PREGUNTAS PARA DISCUTIR

1. ¿Qué cosmovisión adoptaste mientras crecías?

2. ¿Qué cosmovisión analizada en esta sesión describe mejor las creencias que sostenías antes de llegar a Cristo?

3. ¿Es tu cosmovisión cristiana más válida o menos válida que la de alguien que se crió en otra parte del mundo? ¿Por qué?

4. ¿Qué medida usarías para determinar que la cosmovisión de otra persona es cierta?

5. ¿Cómo podemos defender lo que creemos que es verdad sin dar la impresión de ser arrogantes?

6. ¿Cómo podemos discrepar de las creencias o acciones de otro ser humano sin rechazarlo como persona?

LLÉVALO CONTIGO

SUGERENCIA PARA MOMENTOS DE QUIETUD
Pídele al Espíritu Santo que te guíe a toda verdad y te revele en tu mente las mentiras que has creído acerca del mundo en que vivimos.

LA GRAN PREGUNTA
Antes de la próxima sesión, considera la siguiente pregunta:

> Pablo enseña que si los creyentes viven en el Espíritu, no satisfacen los deseos de la carne (ver Gálatas 5:16). ¿Cómo los creyentes viven en el Espíritu?

Notas

1. Friedrich Nietzsche, The Will to Power, Book III, artículo 540. http://www.publicappeal.org/library/nietzsche/Nietzsche_the_will_to_power_book_III.htm (accedido el 5 de febrero de 2004).

Quinta sesión
VIVAMOS EN EL ESPÍRITU

Digo, pues: Andad en el Espíritu, y no satisfagáis los deseos de la carne. Porque el deseo de la carne es contra el Espíritu, y el del Espíritu es contra la carne; y estos se oponen entre sí, para que no hagáis lo que quisiereis. Pero si sois guiados por el Espíritu, no estáis bajo la ley.

GÁLATAS 5:16-18

PALABRA

Cuando aceptamos al Señor, pasamos a ser nuevas criaturas en Cristo (ver 2 Corintios 5:17); sin embargo, aún seguimos luchando con nuestra vieja naturaleza pecaminosa. Como cristianos, ya no estamos bajo la ley, porque la ley era un tutor para llevarnos a Cristo. Los cristianos pueden llevar una vida recta al creer que lo que Dios dice es cierto y al vivir en el poder del Espíritu Santo.

Andemos en el Espíritu (ver Gálatas 5:16-18)
¿Cómo entonces vivir, o andar, en el Espíritu? Si contestamos esta pregunta con tres pasos y una fórmula, ¡estaríamos poniendo otra vez bajo la ley a los cristianos! Andar en el Espíritu no es un asunto legal, sino personal.

A. **Andar en el Espíritu no es licencia** (ver Gálatas 5:13)

«Licencia» se puede definir como un estilo de vida excesivo o indisciplinado que constituye el abuso de un privilegio. Es un desprecio total por las normas y las regulaciones.

B. **Andar en el Espíritu no es legalismo** (ver Gálatas 5:1; Romanos 7:6)
   - Por lo general, la ley produce sentimientos de culpabilidad (ver Gálatas 3:10-14).
   - La ley es impotente para dar vida (ver Gálatas 3:21; 2 Corintios 3:6).
   - La ley tiene la virtud de estimular el deseo de hacer lo que la misma ley trata de prohibir (ver Romanos 7:5, 8).

C. **Andar en el Espíritu *es*** (ver 2 Corintios 3:17)

Si andar en el Espíritu no es licencia ni legalismo, ¿qué es entonces? Es libertad. «El Señor es el Espíritu; y donde está el Espíritu del Señor, allí hay libertad» (2 Corintios 3:17).

CAMINEMOS CON DIOS (VER ROMANOS 8:14)

A. **Tomemos su yugo**

B. **Sigamos su orientación**

1. El Espíritu Santo no nos empuja.

2. El Espíritu Santo no nos aleja.

Andar en el Espíritu no es licencia ni legalismo. No es sentarse de forma pasiva a la espera de que Dios haga algo; no es andar de un lado a otro en innumerables actividades, tratando de lograr algo por nuestras fuerzas y recursos. Si andamos en el Espíritu, nada nos aparta ni aleja del camino de la fe. «Todos los que son guiados por el Espíritu de Dios, estos son hijos de Dios» (Romanos 8:14).

TESTIMONIO

¿Cómo puede afectar tu testimonio el hecho de ser guiado por el Espíritu?

PREGUNTAS PARA DISCUTIR

1. ¿Cuáles fueron los elementos clave que garantizaron el aterrizaje seguro del joven piloto en la ilustración al principio de este libro?

    a. Conocimiento de _____
    b. Fe en _____

2. ¿Por qué el solo hecho de predicar moralidad no ha cambiado a nuestra sociedad?

3. ¿Qué logra el legalismo y por qué la ley es ineficaz?

4. ¿Te ha estimulado la promulgación de una ley en tu iglesia, en tu hogar o en la sociedad a hacer lo que la ley intenta prohibir? Explica.

5. ¿Qué lado del camino (el precipicio o el fuego) representa tu mayor debilidad: licencia o legalismo? ¿Cómo puedes permanecer en el centro del camino?

6. ¿Qué aprenderías si caminaras con Jesús?

7. ¿Cómo se describió Jesús?

8. ¿Cómo puede llegar o no llegar la dirección del Espíritu Santo, y quién puede esperar que el Espíritu Santo lo guíe?

9. ¿Qué pasos puedes dar para ser más sensible a la dirección del Espíritu Santo en tu vida?

LLÉVALO CONTIGO

SUGERENCIA PARA MOMENTOS DE QUIETUD
Empieza cada día pidiéndole a tu Padre celestial que te llene con su Espíritu Santo y comprométete a vivir por fe en el poder del Espíritu Santo.

LA GRAN PREGUNTA
Antes de la próxima sesión, considera la siguiente pregunta:

> Puesto que eres una nueva criatura en Cristo, ¿por qué aún luchas con los mismos pensamientos y hábitos antiguos?

Sexta sesión
LA RENOVACIÓN DE LA MENTE

AUNQUE ANDAMOS EN LA CARNE, NO MILITAMOS SEGÚN LA CARNE;
PORQUE LAS ARMAS DE NUESTRA MILICIA NO SON CARNALES,
SINO PODEROSAS EN DIOS PARA LA DESTRUCCIÓN DE FORTALEZAS,
DERRIBANDO ARGUMENTOS Y TODA ALTIVEZ QUE SE LEVANTA CONTRA EL
CONOCIMIENTO DE DIOS, Y LLEVANDO CAUTIVO TODO PENSAMIENTO
A LA OBEDIENCIA A CRISTO.
2 CORINTIOS 10:3-5

PALABRA

Cuando entramos a este mundo no tenemos ni la presencia de Dios en nuestras vidas ni el conocimiento de sus caminos. Por lo tanto, aprendemos a vivir alejados de Él. A fin de crecer, debemos transformarnos por medio de la renovación de nuestra mente.

LA RENOVACIÓN DE LA MENTE (VER ROMANOS 12:2)

Ya no somos esclavos del pecado porque somos siervos de Cristo. No obstante, si esto es cierto, y lo es, ¿por qué no sentimos una gran diferencia de la manera que nos sentíamos antes de recibir a Cristo, y por qué aún estamos luchando con las mismas cuestiones con que batallábamos antes de ser cristianos?

FACTORES QUE CONTRIBUYEN A LAS FORTALEZAS ENEMIGAS

A veces a las fortalezas mentales enemigas se les llama patrones de la carne, y son muy parecidos en concepto a lo que los psicólogos llaman mecanismos de defensa. A nuestros temperamentos los han moldeado las fortalezas mentales enemigas. Se necesita tiempo para renovarnos la mente y reemplazar las mentiras que hemos creído con la verdad de la Palabra de Dios. La mayoría de nuestras actitudes y nuestros valores de antes de ser cristianos los hemos asimilado de nuestro entorno en dos maneras.

A. Experiencias imperantes

B. Experiencias traumáticas

C. Tentaciones (ver 1 Corintios 10:13)
La tentación comienza con un pensamiento plantado en la mente; y a menos que llevemos cautivos nuestros pensamientos a Cristo, a la postre permitiremos que nos hagan pecar.

D. Hábitos (ver Santiago 1:15)
Si no llevamos cautivo a Cristo ese primer pensamiento, reaccionaremos de modo emocional a nuestros pensamientos. Nuestros sentimientos son principalmente producto de nuestra vida pensante. Si seguimos actuando

de esa manera, estableceremos un hábito en más o menos seis semanas. Si el hábito persiste, se nos formará una fortaleza enemiga en la mente, y se hará evidente en nuestros temperamentos y en el modo en que vivimos.

Ejemplos de fortalezas enemigas

Las fortalezas enemigas son patrones de pensamiento. Las causan las huellas que se nos quedan impresas en la mente con el paso del tiempo, o la intensidad de las experiencias traumáticas. Considera los siguientes ejemplos:

A. Inferioridad

B. Homosexualidad

C. Alcoholismo

TESTIMONIO

1. Sabiendo que las personas tienen ciertos modos de pensar debido a su educación, ¿cómo podría esto ayudar o dificultar tu testimonio ante ellas?

2. Puesto que las personas están atadas a las mentiras que han creído, ¿qué esperanza les podrías brindar?

PREGUNTAS PARA DISCUTIR

1. ¿Por qué no todos los cristianos piensan igual?

2. ¿Cómo se desarrollan las fortalezas mentales del enemigo?

3. Da un ejemplo de cómo al creer una mentira se afecta la manera en que las personas piensan acerca de Dios o los demás. ¿Puedes dar un ejemplo personal?

4. ¿Cómo podemos los cristianos resistir la tentación?

5. ¿Por qué debemos optar por creer que es cierto lo que dice Dios, aunque no lo sintamos verdadero?

6. Explica por qué una persona que ha nacido de nuevo quizá no sienta que es salva y que Dios la ama.

LLÉVALO CONTIGO

Sugerencia para momentos de quietud
Durante la semana entrante dedica tiempo cada día a meditar en los siguientes pasajes bíblicos:

- Romanos 8:31-39
- Efesios 1:1-19
- Filipenses 4:12-13

La Gran Pregunta
Antes de la próxima sesión, considera la siguiente pregunta:
    ¿Cómo te puede engañar Satanás?

Séptima sesión

LA BATALLA POR LA MENTE

VESTÍOS DE TODA LA ARMADURA DE DIOS, PARA QUE PODÁIS ESTAR FIRMES CONTRA LAS ASECHANZAS DEL DIABLO. PORQUE NO TENEMOS LUCHA CONTRA SANGRE Y CARNE, SINO CONTRA PRINCIPADOS, CONTRA POTESTADES, CONTRA LOS GOBERNADORES DE LAS TINIEBLAS DE ESTE SIGLO, CONTRA HUESTES ESPIRITUALES DE MALDAD EN LAS REGIONES CELESTES. POR TANTO, TOMAD TODA LA ARMADURA DE DIOS, PARA QUE PODÁIS RESISTIR EN EL DÍA MALO, Y HABIENDO ACABADO TODO, ESTAR FIRMES.

EFESIOS 6:11-13

PALABRA

A consecuencia de la Caída, la humanidad perdió su posición y su relación con Dios, y Satanás se convirtió en el rebelde poseedor de la autoridad sobre este mundo caído. Jesús se refirió a Satanás como «el príncipe de este mundo» (Juan 12:31). También se le llama «príncipe de la potestad del aire» (Efesios 2:2), y todo el mundo está bajo su poder (ver 1 Juan 5:19), sobre todo porque ha engañado a los habitantes de la tierra (ver Apocalipsis 13:14).

SATANÁS EL ENGAÑADOR

Así como Dios lo creó todo sobre la tierra, también creó ángeles en el cielo. Uno de estos ángeles se llamaba Lucifer, que significa «portador de luz». Este ángel reflejaba la luz y la gloria de Dios. Lucifer no solo era un ángel muy hermoso, sino también orgulloso y egoísta, y aspiró al trono de Dios (ver Isaías 14:12-14). Debido a esta acción rebelde, Dios arrojó del cielo a Lucifer y a los ángeles que se pusieron de su lado.

LA POSICIÓN DEL CREYENTE

Autoridad es el derecho de gobernar, y poder es la capacidad de gobernar. Como cristianos tenemos autoridad sobre el reino de las tinieblas debido a nuestra posición en Cristo. Tenemos autoridad para hacer la voluntad de Dios, nada más ni nada menos. Mientras estemos llenos del Espíritu Santo, tenemos el poder de hacer su voluntad. «Hermanos míos, fortaleceos en el Señor, y en el poder de su fuerza» (Efesios 6:10).

Estamos identificados con Cristo

En su muerte	Romanos 6:3; Gálatas 2:20; Colosenses 3:1-3
En su sepultura	Romanos 6:4
En su resurrección	Romanos 6:5, 8, 11
En su ascensión	Efesios 2:6
En su vida	Romanos 5:10
En su poder	Efesios 1:19-20
En su herencia	Romanos 8:16-17; Efesios 1:11-12

¡Nuestro único refugio es nuestra posición en Cristo!

LA BATALLA POR NUESTRA MENTE (VER JUAN 17:14-18)

A. Ejemplo de David (ver 1 Crónicas 21:1)

B. Enseñanza de Pablo (ver 2 Corintios 2:10-11; 4:3-4; 11:3; 1 Timoteo 4:1)

C. Renovación de la mente

1. Deja que la paz de Cristo gobierne en tu corazón (ver Colosenses 3:15-16).

2. Prepara tu mente para actuar (ver 1 Pedro 1:13).

3. Enfoquemos nuestra mente de forma activa y externa.

4. Escoge la verdad.

TESTIMONIO

Liberar de fortalezas demoníacas a las personas era el llamado principal del evangelio en la iglesia primitiva, y la base para gran parte de los esfuerzos evangelísticos en la misma. Puesto que Satanás ha cegado la mente de tus amigos inconversos, ¿cómo puedes ser un testimonio positivo para ellos?

PREGUNTAS PARA DISCUTIR

1. Si Satanás ya está derrotado y desarmado, ¿cómo puede seguir gobernando este mundo?

2. La lucha en tu mente puede consistir de fortalezas mentales enemigas, de patrones carnales, o puede ser una batalla espiritual por tu mente. ¿Cómo puedes darte cuenta de la diferencia?

   ¿Debes conocer la diferencia? ¿Por qué?

3. ¿Cuál es la diferencia entre poder y autoridad?

   ¿Cuál de estos dos elementos tienen los creyentes en el ámbito espiritual, y qué los califica para tener uno u otro?

4. Lee Efesios 6:10-18. Ponerse la armadura de Dios exige que el creyente actúe. ¿Qué debemos hacer para ponernos activamente la armadura de Dios?

   ¿Qué ha hecho ya Cristo que no nos es necesario hacer?

5. ¿Cuál es la diferencia práctica entre tratar de no tener pensamientos negativos y preferir creer lo que es verdadero?

6. ¿Cómo puedes renovar tu mente?

7. ¿Cómo puedes dejar de patalear en el agua y nadar hacia la orilla?

LLÉVALO CONTIGO

SUGERENCIA PARA MOMENTOS DE QUIETUD
Medita todos los días de la semana que viene en cada uno de los siguientes pasajes bíblicos:

- Mateo 28:18
- Efesios 1:3-14; 2:6-10
- Colosenses 2:13-15

LA GRAN PREGUNTA
Antes de la próxima sesión, considera la siguiente pregunta:

> Si no siempre podemos creer lo que sentimos, ¿cómo debemos tratar con nuestras emociones?

Octava sesión
LIBERTAD EMOCIONAL

> Desechando la mentira, hablad verdad cada uno con su prójimo; porque somos miembros los unos de los otros. Airaos, pero no pequéis; no se ponga el sol sobre vuestro enojo, ni deis lugar al diablo.
>
> Efesios 4:25-27

> Echando toda vuestra ansiedad sobre Él, porque Él tiene cuidado de vosotros. Sed sobrios, y velad; porque vuestro adversario el diablo, como león rugiente, anda alrededor buscando a quien devorar.
>
> 1 Pedro 5:7-8

PALABRA

Cuando Dios creó a los seres humanos, nos equipó con una naturaleza emocional compleja. Hasta aquí en este curso se nos ha exhortado a creer que, a pesar de lo que sintamos, lo que el Señor dice es verdad. Sin embargo, esto no es negar nuestros sentimientos, y es importante comprender que nuestras emociones están directamente afectadas por lo que creemos y por cómo vivimos.

Nuestras emociones revelan lo que pensamos y creemos

En un sentido general, nuestras emociones son fruto de nuestra vida pensante. Si no estamos pensando como es debido y nuestras mentes no se están renovando, si no pensamos de forma apropiada en Dios y en su Palabra, se reflejará en nuestra vida emocional. Si no reconocemos nuestras emociones, podríamos quedar espiritualmente vulnerables. Para una ilustración bíblica de la relación entre creencias y emociones, considera Lamentaciones 3.

CÓMO RESPONDEMOS A NUESTRAS EMOCIONES

A. Supresión (ver Salmo 32:3, 6)

B. Expresión indiscriminada (ver Santiago 1:19-20)

C. Reconocimiento (ver Salmo 109:1-13)

> No podemos estar bien con Dios sin ser sinceros y, si es necesario, Dios nos hará sinceros para estar bien con Él.

CÓMO RESPONDER A LAS EMOCIONES SINCERAS DE OTROS

Uno de los mayores desafíos en la vida es aprender a responder a los demás cuando reconocen su dolor. Puede ser difícil aprender qué debemos responder al dolor, no a las palabras que usen para expresarlo.

A. Mostrar sinceridad emocional en las relaciones

B. Reconocer nuestros límites emocionales

SANA LAS HERIDAS EMOCIONALES DEL PASADO

A. Historia previa de la vida

B. Acontecimiento actual

C. Emoción principal

D. Evaluación mental

E. Emoción secundaria

VE TU PASADO A LA LUZ DE QUIÉN ERES EN CRISTO

A. Una nueva creación en Cristo

B. Perdón

TESTIMONIO

1. Si te sientes enojado, preocupado o deprimido, ¿crees que sería mejor no ser emocionalmente sincero en presencia de los inconversos?

2. ¿Sería ese un testimonio eficaz o ineficaz por Cristo? ¿Por qué?

PREGUNTAS PARA DISCUTIR

1. ¿De qué manera la insinceridad emocional podría darle al diablo un punto de apoyo en tu vida?

2. ¿Qué experimentaste más en tu hogar mientras crecías: negación emocional o expresión indiscriminada? ¿Cómo ha afectado eso tu vida?

3. ¿En qué maneras la insinceridad emocional precipita las enfermedades psicosomáticas (p. ej. malestar físico cuya causa original es emocional o mental)?

4. ¿Cómo debes reaccionar cuando alguien que está herido emocionalmente empieza a lanzarte improperios?

5. ¿Cómo puedes aprender a reconocer tus limitaciones emocionales?

6. ¿Qué ocurre cuando algo o alguien desata en ti una fuerte emoción? ¿Cuál es tu primera reacción?

7. ¿Cómo podemos ser emocionalmente libres de nuestro pasado?

8. ¿Qué le dirías a alguien que no quiere perdonar?

LLÉVALO CONTIGO

SUGERENCIA PARA MOMENTOS DE QUIETUD
Considera la naturaleza emocional del apóstol Pedro. Observa primero algunas ocasiones en que actuó impulsivamente o habló con demasiada precipitación:

- Mateo 16:21-23
- Mateo 17:1-5
- Juan 18:1-11

Lee ahora Mateo 16:17-19 para ver cómo Jesús miró más allá de los arrebatos emocionales de Pedro para ver su potencial; por último, lee Hechos 2:14-41 a fin de ver cómo, bajo el poder del Espíritu Santo, Pedro alcanzó su potencial y se convirtió en el vocero de la iglesia primitiva.

LA GRAN PREGUNTA
Antes de la próxima sesión, considera la siguiente pregunta:

¿Cómo perdonas de corazón a quienes te han ofendido o herido en lo más profundo?

Nota: Para información adicional sobre resolución de problemas emocionales específicos recomendamos:
   Neil T. Anderson y Rich Miller, *Getting Anger Under Control*, Harvest House, 2002, para información sobre la **solución para el enojo**
   Neil T. Anderson y Rich Miller, *Libre del miedo*, Editorial Unilit, 2000, para información sobre la **solución para los trastornos de ansiedad**
   Neil T. Anderson, *Venzamos la depresión*, Editorial Unilit, 2005, para información sobre la **solución para la depresión**

Novena sesión
PERDÓN DE CORAZÓN

QUÍTENSE DE VOSOTROS TODA AMARGURA, ENOJO, IRA, GRITERÍA Y MALEDICENCIA, Y TODA MALICIA. ANTES SED BENIGNOS UNOS CON OTROS, MISERICORDIOSOS, PERDONÁNDOOS UNOS A OTROS, COMO DIOS TAMBIÉN OS PERDONÓ A VOSOTROS EN CRISTO.

EFESIOS 4:31-32

PALABRA

Perdonar es el tema central del cristianismo, y perdonar de corazón es la decisión más importante que podemos tomar como cristianos para experimentar nuestra libertad en Cristo. La mayoría sabemos que como cristianos debemos perdonar, pero pocos entendemos por completo qué es perdonar y cómo perdonar a otros de corazón. Algunos somos renuentes a perdonar, porque hacerlo significa despojarnos del deseo de vengarnos; otros nos aferramos a la ira y la falta de perdón con la falsa esperanza de que esa falta de perdón nos proteja en el futuro. El perdón empieza con Dios; y debemos extender a otros el amor, la misericordia y la gracia que hemos recibido de Él.

NUESTRA NECESIDAD DE PERDONAR Y DE SER PERDONADO
A. Cómo buscar el perdón de otros (ver Mateo 5:23-24)

B. Necesidad de perdonar a los demás (ver Mateo 18:21-35)

- Justicia

- Misericordia

- Gracia

LO QUE *NO ES* PERDONAR
A. No es olvidar

B. No es tolerar el pecado

C. No es negar nuestro dolor

QUÉ *ES* PERDONAR (VER EFESIOS 4:31-32)

A. Es someterse a vivir con las consecuencias del pecado de otra persona

B. Es permitir que Dios sea el vengador (ver Romanos 12:19-21)

C. Es llevar las cargas de otro (ver Gálatas 6:1-2)

> La ley de Cristo, la cual debemos cumplir, es cargar la cruz. La carga de mi hermano, la cual debo llevar, no es solo su exterior, sus características y dones naturales, sino muy literalmente su pecado. Y la única manera de soportar ese pecado es perdonarlo en el poder de la cruz de Cristo del que participo ahora. Por consiguiente, el llamado a seguir a Cristo siempre significa un llamado a participar en la obra de perdonar a los hombres sus pecados. Perdón es sufrimiento como el de Cristo, el cual es deber del cristiano soportar. Dietrich Bonhoeffer[1]

CÓMO PERDONAR DE CORAZÓN

A. El proceso de sanación

B. La tentación de revivir el viejo dolor

Señor, perdono a [nombre] **por** [expresa todo pecado contra ti], **y porque me hizo sentir de esta manera** [expresa cómo te sentiste acerca de ti, de la vida y de Dios como resultado de esos pecados].

TESTIMONIO

1. ¿Cómo podría el asunto del perdón ser un reto a alguien que aún no es cristiano?

2. ¿Cómo puedes demostrar perdón a alguien que aún no ha conocido al Señor?

PREGUNTAS PARA DISCUTIR

1. ¿Reconoces que inicialmente el compromiso de perdonar es entre tú y Dios, y no entre tú y la otra persona? ¿Lo sientes de ese modo? ¿Por qué?

2. ¿Por qué es importante distinguir entre buscar el perdón de otros y perdonar a otros?

3. Define «justicia», «misericordia» y «gracia», e ilustra cómo deberían resultar en nuestra relación con los demás.

4. ¿Cuál es la diferencia entre perdonar y olvidar?

5. ¿Cómo puedes perdonar maltratos pasados y establecer límites bíblicos para detener maltratos posteriores?

6. ¿Quién sigue sintiendo dolor cuando no hay perdón: el ofensor o el ofendido? ¿Por qué?

7. ¿Cómo perdonamos de corazón?

8. ¿Qué le dirías a alguien que no quiere perdonar?

LLÉVALO CONTIGO

SUGERENCIA PARA MOMENTOS DE QUIETUD
Revisa esta lección y busca los pasajes pertinentes que enseñan sobre el perdón. Pídele al Espíritu Santo que haga que recuerdes a quiénes debes perdonar de corazón.

LA GRAN PREGUNTA
Antes de la próxima sesión, considera la siguiente pregunta:

¿Cómo se espera que nos relacionemos con otros en cuanto a amor, aceptación, juicio y disciplina?

Nota
1. Dietrich Bonhoeffer, *The Cost of Discipleship*, trad. R.H. Fuller, MacMillan, Nueva York, 1963, p.100

Sesión extra

LOS PASOS HACIA LA LIBERTAD EN CRISTO

EL SIERVO DEL SEÑOR NO DEBE SER CONTENCIOSO, SINO AMABLE PARA CON TODOS, APTO PARA ENSEÑAR, SUFRIDO; QUE CON MANSEDUMBRE CORRIJA A LOS QUE SE OPONEN, POR SI QUIZÁ DIOS LES CONCEDA QUE SE ARREPIENTAN PARA CONOCER LA VERDAD, Y ESCAPEN DEL LAZO DEL DIABLO, EN QUE ESTÁN CAUTIVOS A VOLUNTAD DE ÉL.

2 TIMOTEO 2:24-26

EL EVANGELIO COMPLETO

Dios creó a Adán y a Eva para estar espiritualmente vivos, lo cual significa que sus almas estaban en unión con Dios. Al vivir en una relación de dependencia con su Padre celestial, debían ejercer dominio sobre la tierra. Actuando alejados de Dios, optaron por desobedecerle y su decisión de pecar los separó del Señor. Por lo tanto, todos sus descendientes nacen físicamente vivos, pero espiritualmente muertos... separados de Dios. Puesto que todos hemos pecado, y estamos destituidos de la gloria de Dios (ver Romanos 3:23), permanecemos separados de Él y no podemos llevar a cabo el propósito original de nuestra creación, el cual es glorificar a Dios y disfrutar de su presencia para siempre. Satanás se convirtió en rebelde poseedor de autoridad y en el dios de este mundo. Jesús le llamó el príncipe de este mundo, y el apóstol Juan escribió que todo el mundo yace bajo el poder del maligno (ver 1 Juan 5:19).

Jesús vino a deshacer las obras de Satanás (ver 1 Juan 3:8) y a echar sobre sí mismo los pecados del mundo. Al morir por nuestros pecados, Jesús quitó la enemistad que existía entre Dios y aquellos que Él creó a su imagen. La resurrección de Cristo trajo nueva vida a quienes ponen su confianza en Él. El alma de todo creyente nacido de nuevo está otra vez en unión con Dios, y eso más a menudo se comunica en el Nuevo Testamento como estar «en Cristo». El apóstol Pablo explicó que cualquiera que está *en Cristo* es una nueva criatura (ver 2 Corintios 5:17). El apóstol Juan escribió: «A todos los que le recibieron, a los que creen en su nombre, les dio potestad de ser hechos hijos de Dios» (Juan 1:12), y también escribió: «Mirad cuál amor nos ha dado el Padre, para que seamos llamados hijos de Dios» (1 Juan 3:1).

Ningún esfuerzo de tu parte te puede salvar, ni tampoco ninguna actividad religiosa por bienintencionada que sea. Somos salvos por fe y solo por fe. Lo único que nos queda por hacer es poner nuestra confianza en la consumada obra de Cristo. «Por gracia sois salvos por medio de la fe; y esto no de vosotros, pues es don de Dios; no por obras, para que nadie se gloríe» (Efesios 2:8-9). Si nunca has recibido a Cristo, puedes hacerlo ahora mismo. Dios conoce los pensamientos y las intenciones de tu corazón, por eso todo lo que tienes que hacer es poner tu confianza solo en Cristo. Puedes expresar de este modo tu decisión en oración:

> Padre celestial, gracias por enviar a Jesús a morir en la cruz por mis pecados. Reconozco que he pecado y que no puedo salvarme a mí mismo. Creo que Jesús vino para darme vida, y por fe ahora decido recibirte en mi vida como Señor y Salvador. Por el poder de tu presencia moradora tengo la capacidad para ser la persona que querías que yo fuera cuando me creaste. Te ruego que me concedas el arrepentimiento que me lleve al conocimiento de la verdad, de tal manera que pueda experimentar libertad en Cristo y ser transformado por la renovación de mi mente. Te lo pido en el precioso nombre de Jesús. Amén.

SEGURIDAD DE SALVACIÓN

Pablo escribió: «Si confesares con tu boca que Jesús es el Señor, y creyeres en tu corazón que Dios le levantó de los muertos, serás salvo» (Romanos 10:9). ¿Crees que Dios el Padre resucitó a Jesús de los muertos? ¿Invitaste a Jesús a ser tu Señor y Salvador? Entonces eres hijo de Dios y nada te puede separar del amor de Cristo (ver Romanos 8:35). Tu Padre celestial envió a su Espíritu Santo a vivir dentro de ti y a testificar a tu espíritu que eres hijo de Dios (ver Romanos 8:16). «*En él ... fuisteis sellados con el Espíritu Santo de la promesa*» (Efesios 1:13, cursivas añadidas). El Espíritu Santo te guiará a toda verdad (ver Juan 16:13).

CÓMO RESOLVER CONFLICTOS PERSONALES Y ESPIRITUALES

Puesto que todos nacemos espiritualmente muertos en nuestros delitos y pecados (ver Efesios 2:1), no tenemos ni la presencia de Dios en nuestras vidas ni el conocimiento de sus caminos. Así que, todos aprendemos a vivir la vida independientemente de Dios. Cuando nos convertimos en nuevas criaturas en Cristo, la mente no se nos renueva al instante. Por eso Pablo escribió: «No os conforméis a este siglo, sino transformaos por medio de la renovación de vuestro entendimiento [mente]» (Romanos 12:2).

Entonces podrás probar y comprobar cuál es la voluntad de Dios agradable y perfecta (ver Romanos 12:2). Es por eso que los cristianos nuevos luchan con muchos de los mismos pensamientos y hábitos antiguos. Tienen la mente programada para vivir independientes de Dios, que es la característica principal de nuestra vieja naturaleza o de la carne. Como nuevas criaturas en Cristo, tenemos la mente de Cristo, y el Espíritu Santo nos guiará a toda verdad.

Para experimentar nuestra libertad en Cristo y crecer en la gracia de Dios se necesita arrepentimiento, lo cual significa literalmente renovación de la mente. El arrepentimiento no es algo que podemos hacer por nuestra cuenta; por tanto, debemos someternos a Dios y resistir al diablo (ver Santiago 4:7). Los Pasos Hacia la Libertad en Cristo (los Pasos) están diseñados para ayudarte a hacer eso. Someterse a Dios es el asunto crítico. Él es el admirable consejero y el único que concede el arrepentimiento que lleva al conocimiento de la verdad (ver 2 Timoteo 2:24-26). Los Pasos abarcan siete asuntos críticos entre nosotros y Dios. No experimentaremos libertad si seguimos orientaciones falsas, si creemos mentiras y si no perdonamos a otros como se nos ha perdonado a nosotros, si vivimos en rebelión, si respondemos con orgullo, si no reconocemos nuestro pecado y continuamos con los pecados de nuestros antepasados. «El que encubre sus pecados no prosperará; mas el que los confiesa y se aparta alcanzará misericordia» (Proverbios 28:13). «Por lo cual, teniendo nosotros este ministerio según la misericordia que hemos recibido, no desmayamos. Antes bien renunciamos a lo oculto y vergonzoso, no andando con astucia, ni adulterando la palabra de Dios, sino por la manifestación de la verdad» (2 Corintios 4:1-2).

Aunque Satanás está derrotado, todavía gobierna este mundo a través de una jerarquía de demonios que tientan, acusan y engañan a quienes no se ponen la armadura de Dios, no están firmes y no llevan cautivo todo pensamiento a la obediencia a Cristo. Nuestro refugio es nuestra identidad y posición en Cristo, y todos tenemos la protección que necesitamos para vivir en victoria; pero si no asumimos nuestra responsabilidad, y le cedemos terreno a Satanás, sufriremos las consecuencias de nuestras acciones y actitudes pecaminosas. La buena noticia es que podemos arrepentirnos y tomar posesión de todo lo que tenemos en Cristo, y es en esto que te ayudarán los Pasos.

EL PROCESO DE LOS PASOS

Lo ideal sería que leyeras los libros *Victoria sobre la oscuridad* y *Rompiendo las cadenas* antes de proceder con los Pasos[1]. También hay a disposición libros en audio y casetes en el Ministerio de Libertad en Cristo. La mejor manera de dar los pasos es por medio de un promotor preparado. El libro *Asesoramiento que discipula* explica la teología y el proceso[2]. También puedes tomar los pasos por tu cuenta. Cada paso está explicado de tal modo que no tengas problemas en hacerlo. Sugiero que encuentres un lugar tranquilo donde puedas procesar los Pasos en voz alta. Si experimentas alguna interferencia mental, hazle caso omiso y continúa. Pensamientos tales como *Esto no va a dar resultado* o *No creo en esto*, o pensamientos blasfemos, de condenación o de acusación no tienen ningún poder sobre ti a menos que los aceptes. Son solo pensamientos y no importa si se originan en ti, en una fuente externa o en Satanás y sus demonios. Tales pensamientos se aclararán cuando te hayas arrepentido por completo. Si estás en compañía de un promotor preparado, infórmale cualquier oposición mental o física que experimentes. La mente es el centro de control, y no perderás el control durante el proceso si no pierdes el control de tu mente. La mejor manera de hacerlo, si te agobian los problemas, es hablar al respecto. Cuando expones las mentiras a la luz, se rompe el poder de las tinieblas.

Recuerda: eres hijo de Dios y estás sentado con Cristo en los lugares celestiales. Eso significa que tienes la autoridad y el poder para hacer su voluntad. Los Pasos no te liberarán. Jesús es el que te libera, y experimentarás de manera progresiva esa libertad a medida que le respondas en fe y arrepentimiento. No te preocupes por alguna interferencia demoníaca; la mayoría de las personas no experimentan ninguna. No importa que Satanás tenga un papel grande o pequeño; el asunto crítico es tu relación con Dios, y eso es lo que estás resolviendo. Este es un ministerio de reconciliación. Una vez que se resuelvan esos asuntos, Satanás no tiene derecho de permanecer. Completar con éxito este proceso de arrepentimiento no es el final; más bien es el principio del crecimiento. Sin embargo, a menos que estos asuntos se resuelvan, el proceso de crecimiento se detendrá y tu vida cristiana se estancará.

PREPARACIÓN

Procesar los Pasos puede jugar un papel importante en tu proceso continuo de discipulado. El propósito es arraigarte firmemente en Cristo. No se necesita mucho tiempo para establecer tu identidad y libertad en Cristo, pero la madurez instantánea no existe. Renovar tu mente y conformarte a la imagen de Dios es un proceso de por vida. Que el Señor te bendiga con su presencia a medida que buscas hacer su voluntad. Una vez que hayas experimentado tu libertad en Cristo, estás en capacidad de ayudar a otros a experimentar el gozo de su salvación. Empieza los Pasos con la siguiente oración y declaración:

ORACIÓN

> Padre celestial, estás presente en este lugar y en mi vida. Solo tú eres omnisciente, todopoderoso y omnipresente, y te adoro solo a ti. Declaro que dependo de ti, porque separado de ti nada puedo hacer. Decido creer tu Palabra, la cual enseña que toda potestad en el cielo y en la tierra pertenece al Cristo resucitado, y al estar vivo en Cristo, tengo autoridad para resistir al diablo y someterme a ti. Te pido que me llenes con tu Espíritu Santo y que me guíes a toda verdad. Te pido tu total protección y dirección mientras busco conocerte y seguir tu voluntad. Te lo ruego en el poderoso nombre de Jesús. Amén.

Declaración

En el nombre y la autoridad del Señor Jesucristo, ordeno a Satanás y a todos los espíritus malignos que quiten toda influencia sobre mí para que yo pueda ser libre y para conocer la voluntad de Dios y decidirme a seguirla. Como un hijo de Dios que está sentado con Cristo en los lugares celestiales, declaro que será atado todo enemigo del Señor Jesucristo que esté en mi presencia. Satanás y todos sus demonios no pueden infligirme ningún dolor, ni de ninguna manera puede impedir que la voluntad de Dios se realice hoy en mi vida porque pertenezco al Señor Jesucristo.

REVISIÓN DE TU VIDA

Antes de proseguir con los Pasos, revisa los siguientes acontecimientos de tu vida para discernir las esferas específicas que hay que enfrentar:

Historia familiar
- ❏ Historial religioso de padres y abuelos
- ❏ Vida hogareña desde la infancia hasta el instituto
- ❏ Historial de enfermedades físicas o emocionales en la familia
- ❏ Adopción, vida en hogares temporales, tutores

Historia personal
- ❏ Hábitos de alimentación (bulimia, anorexia, compulsión a comer)
- ❏ Adicciones (cigarrillos, drogas, alcohol)
- ❏ Medicamentos recetados (¿para qué?)
- ❏ Patrones del sueño, sueños y pesadillas
- ❏ Violación o cualquier otro maltrato físico o emocional.
- ❏ Vida pensante (pensamientos obsesivos, blasfemos, de condenación o distracción; mala concentración; fantasías; pensamientos de suicidio; temores; celos; confusión; culpa y vergüenza)
- ❏ Interferencia mental en la iglesia, durante la oración o estudio bíblico
- ❏ Vida emocional (enojo, ansiedad, depresión, amargura y miedo)
- ❏ Peregrinaje espiritual (salvación: cuándo, cómo y seguridad)

Notas
1. Neil T. Anderson, *Victoria sobre la oscuridad*, Editorial Unilit, Miami, FL, 2002; Neil T. Anderson, *Rompiendo las cadenas*, Editorial Unilit, Miami, FL, 2002.
2. Neil. T. Anderson, *Asesoramiento que discipula*, Editorial Unilit, Miami, FL, 1998.

PASO 1

LO FALSO CONTRA LO VERDADERO

El primer paso para experimentar libertad en Cristo es rechazar verbalmente toda participación (pasada o presente) en el ocultismo o en enseñanzas y prácticas de religiones falsas. Se debe rechazar la participación en cualquier grupo que niega que Jesucristo es el Señor o que eleva alguna enseñanza o algún libro al nivel (o por encima) de la Biblia. Además, es necesario renunciar a grupos que exigen iniciaciones secretas, ceremonias, votos o pactos. Dios no toma a la ligera las orientaciones falsas. «La persona que atendiere a encantadores o adivinos ... yo pondré mi rostro contra la tal persona, y la cortaré de entre su pueblo» (Levítico 20:6).

Puesto que no quieres que el Señor te deseche, pídele que te guíe de este modo:

> Padre celestial, recuérdame todas y cada una de las cosas que haya hecho de forma consciente o inconsciente relacionadas con enseñanzas o prácticas de ocultismo, sectas o religiones falsas. Deseo experimentar tu libertad y rechazar cualquier orientación falsa. Te lo pido en el nombre de Jesús. Amén.

Quizá el Señor haga que recuerdes cosas que has olvidado, incluso cosas en que participaste como un juego o que pensaste que eran bromas. Hasta podrías haber participado de modo pasivo u observado con curiosidad a otros mientras participaban en prácticas religiosas falsas. El propósito es rechazar todas las experiencias espirituales falsas y sus creencias.

Para ayudarte a recordar estas cosas, considera en oración la siguiente lista de identificación de espiritualidades que no son cristianas. Luego haz la oración que sigue a la lista para renunciar a cada actividad o grupo que el Señor traiga a tu mente. Quizá te revele algunas que no están en la lista. Debes ser especialmente consciente de tu necesidad de renunciar a prácticas religiosas populares que no son cristianas si te criaste en otra cultura. Es importante que renuncies en oración a ella **en voz alta**.

Prácticas espirituales que no son cristianas

(Marca todo aquello en que hayas participado)

❏ Experiencia fuera del cuerpo	❏ Hipnosis	❏ Control Mental Silva
❏ Tabla ouija	❏ Proyección astral	❏ Meditación Trascendental (MT)

- ❏ María la Sanguinaria [Bloody Mary]
- ❏ Juegos ocultistas
- ❏ Bola mágica Ocho
- ❏ Encantamientos o maldiciones
- ❏ Telepatía/control mental
- ❏ Escritura automática
- ❏ Trances
- ❏ Espíritus guías
- ❏ Adivinación
- ❏ Cartas del tarot
- ❏ Levitación
- ❏ Brujería/hechicería/maleficios
- ❏ Satanismo
- ❏ Lectura de manos
- ❏ Astrología/horóscopos
- ❏ Unitarismo/universalismo

- ❏ Sesiones de espiritismo/médiums/canalizadores
- ❏ Magia negra o blanca
- ❏ Pactos de sangre
- ❏ Fetiches/cristales/amuletos
- ❏ Espíritus sexuales
- ❏ Artes marciales (misticismo)
- ❏ Supersticiones
- ❏ Mormonismo (Santos de los Últimos Días)
- ❏ Testigos de Jehová
- ❏ Nueva Era (enseñanzas, medicina)
- ❏ Masones
- ❏ Ciencia Cristiana/Ciencia de la Mente
- ❏ Iglesia de la Unificación (Moonies)
- ❏ El Foro (EST)
- ❏ Iglesia de Cienciología

- ❏ Yoga (la religión, no los ejercicios)
- ❏ Hare Krishna
- ❏ Bahaísmo
- ❏ Adoración a los espíritu de los indios estadounidenses
- ❏ Islamismo
- ❏ Hinduismo
- ❏ Budismo (incluyendo Zen)
- ❏ Musulmanes negros (movimiento religioso estadounidense)
- ❏ Rosacruces
- ❏ Falsos dioses (dinero, sexo, poder, placer, ciertas personas)
- ❏ Otros (religiones no cristianas; sectas; películas; música; libros; juegos de video; juegos de historietas cómicas o fantasías que glorifican a Satanás, los cuales precipitan pesadillas o batallas mentales; y todas las demás experiencias espirituales cuestionables que incluyen visitaciones espirituales y pesadillas)

Preguntas adicionales para ayudarte a ser consciente de las experiencias religiosas que son falsas

1. Tienes ahora, o alguna vez tuviste, un amigo imaginario, un espíritu o un ángel guía que te brinda dirección o compañía? (Si tiene nombre, recházalo por nombre).

2. ¿Has oído alguna vez voces en tu cabeza o has tenido pensamientos repetitivos y peyorativos (como *Soy tonto, Soy feo, Nadie me ama* o *No logro hacer nada bien*) como si hubiera una conversación continua dentro de tu cabeza?

3. ¿Te han hipnotizado alguna vez, has asistido a seminarios de la Nueva Era o has consultado médiums o espiritistas?

4. ¿Has hecho alguna vez votos o pactos secretos (o promesas internas; p. ej. *Yo nunca…*)?

5. ¿Has participado alguna vez en rituales satánicos, en conciertos o en actividades en las cuales Satanás era el foco de atención?

Una vez que hayas completado tu lista de identificación y las preguntas correspondientes, confiesa y renuncia a toda práctica, creencia, ceremonia, promesa o pacto religioso en que hayas participado haciendo la siguiente oración **en voz alta:**

Padre celestial, confieso que he participado en [nombra específicamente toda creencia y participación relacionada a todo lo que ya marcaste], **y renuncio a todo eso como prácticas falsas. Te pido que me llenes con tu Santo Espíritu para que pueda ser guiado por ti. Gracias porque en Cristo tengo perdón. Amén**

ADORACIÓN SATÁNICA

Quienes han estado sometidos al abuso ritual satánico (ARS) necesitan la ayuda de alguien que comprenda los trastornos de disociación y la guerra espiritual. Si has participado en algún tipo de adoración satánica, pronuncia **en voz alta** las siguientes cancelaciones, renuncias y anulaciones especiales. Lee a través de la página, y ve cancelando, anulando o renunciando al primer punto en la columna titulada «Reino de las tinieblas», y declarando a continuación la verdad en la columna «Reino de la luz». Hazlo uno por uno hasta el final. Observa que la adoración satánica es la antítesis de la verdadera adoración.

Reino de las Tinieblas	Reino de la Luz
Renuncio a la potestad que alguna vez le diera a Satanás o la que tenga ahora.	Declaro que mi nombre está ahora escrito en el libro de la vida del Cordero.
Renuncio a toda ceremonia en que me casara con Satanás.	Declaro que soy novia de Cristo.
Renuncio a todos los pactos que haya hecho con Satanás.	Declaro que estoy bajo el nuevo pacto con Cristo.
Renuncio a todos los trabajos satánicos sobre mi vida, que incluyen obligaciones, matrimonio e hijos.	Declaro y me comprometo a conocer y a hacer solamente la voluntad de Dios, y a aceptar su dirección y la de nadie más.
Renuncio a todos los espíritus guías asignados a mí.	Acepto solamente la dirección del Espíritu Santo.
Renuncio a haber dado alguna vez mi sangre en el servicio de Satanás.	Confío solo en la sangre del Señor Jesucristo.
Renuncio a haber comido carne o bebido sangre en adoración satánica.	Por fe, durante la Cena del Señor o Comunión, solo simbólicamente como la carne y bebo solo la sangre de Jesús.
Renuncio a todos y a cada uno de los guardianes y padres satánicos que me asignaron.	Declaro que Dios es mi Padre y que el Espíritu Santo es mi guardián por quien soy sellado.
Renuncio a cualquier bautismo por el cual me han identificado con Satanás.	Declaro que he sido bautizado en Jesucristo.
Renuncio a todos y a cada uno de los sacrificios que se hicieron a mi favor por los cuales Satanás podría decir que le pertenezco.	Declaro que solo el sacrificio de Cristo tiene poder sobre mí. Le pertenezco. He sido comprado por la sangre del Cordero.

Paso 2

ENGAÑO CONTRA VERDAD

La vida cristiana se vive por fe según lo que Dios dice que es cierto. Jesús es la verdad, el Espíritu Santo es el Espíritu de verdad, la Palabra de Dios es auténtica, y debemos hablar la verdad en amor (véanse Juan 14:6; 16:13; 17:17; Efesios 4:15). La respuesta bíblica a la verdad es *fe*, sea que *sintamos* o no que es verdad. Además, los cristianos no deben tener participación en mentira, engaño, distorsión de la verdad ni en nada asociado con la falsedad. Las mentiras nos mantienen en esclavitud, pero la verdad es la que nos hace libres (ver Juan 8:32). David escribió: «Bienaventurado el hombre ... en cuyo espíritu no hay engaño» (Salmo 32:2). El gozo y la libertad llegan cuando se camina en la verdad.

Encontramos fuerzas para caminar en la luz de la sinceridad y la transparencia ante Dios y ante los demás (ver 1 Juan 1:7) cuando sabemos que Dios nos ama y nos acepta exactamente como somos. Podemos enfrentar la realidad, reconocer nuestros pecados y no tratar de ocultarlos. Empieza este propósito de apegarte a la verdad pronunciando **en voz alta** la siguiente oración. No permitas que pensamientos de oposición, tales como *Esta es una pérdida de tiempo* o *Quisiera poder creer esto, pero no puedo*, te impidan seguir adelante. Dios te fortalecerá a medida que confíes en Él.

Querido Padre celestial, tú eres la verdad y deseo vivir por fe según tu verdad. La verdad me hará libre, pero de muchas maneras he sido engañado por el padre de mentiras y por las filosofías de este mundo caído, y me he engañado a mí mismo. Decido andar en la luz, sabiendo que me amas y me aceptas tal y como soy. Mientras pienso en posibles engaños, le pido al Espíritu de verdad que me guíe a toda verdad. Por favor, protégeme de todo engaño, «examíname, oh Dios, y conoce mi corazón; pruébame y conoce mis pensamientos; y ve si hay en mí camino de perversidad, y guíame en el camino eterno» [Salmo 139:23-24]. Te lo pido en el nombre de Jesús. Amén.

Repasa en oración las listas de los tres ejercicios siguientes, usando la oración al final de cada ejercicio para confesar cualquier modo en que hayas cedido al engaño o en que te hayas defendido indebidamente. No puedes renovar tu mente al instante, pero el proceso nunca empezará a menos que reconozcas las fortalezas mentales del enemigo o los mecanismos de defensa, a los cuales a veces se les llama patrones carnales.

MANERAS EN QUE EL MUNDO TE PUEDE ENGAÑAR
- ❑ Haciéndote creer que adquirir dinero y cosas te brindará felicidad perdurable (ver Mateo 13:22; 1 Timoteo 6:10)
- ❑ Haciéndote creer que comer y beber alcohol en exceso pueden aliviar tu estrés y darte felicidad (ver Proverbios 23:19-21)
- ❑ Haciéndote creer que un cuerpo atractivo y una personalidad encantadora te conseguirán lo que necesitas (ver Proverbios 31:30; 1 Pedro 3:3-4)
- ❑ Haciéndote creer que satisfacer la lujuria sexual te traerá satisfacción duradera (ver Efesios 4:22; 1 Pedro 2:11)
- ❑ Haciéndote creer que puedes pecar sin tener ninguna consecuencia negativa (ver Hebreos 3:12-13)
- ❑ Haciéndote creer que necesitas más de lo que Dios te ha dado en Cristo (ver 2 Corintios 11:2-4, 13-15)
- ❑ Haciéndote creer que puedes hacer lo que quieras sin que nadie pueda tocarte (ver Proverbios 16:18; Abdías 3; 1 Pedro 5:5)
- ❑ Haciéndote creer que las personas injustas que no quieren aceptar a Cristo irán de todos modos al cielo (ver 1 Corintios 6:9-11)
- ❑ Haciéndote creer que te puedes asociar con malas compañías sin corromperte (ver 1 Corintios 15:33-34)
- ❑ Haciéndote creer que puedes leer, ver o escuchar cualquier cosa sin corromperte (ver Proverbios 4:23-27; Mateo 5:28)
- ❑ Haciéndote creer que no hay consecuencias de tu pecado en la tierra (ver Gálatas 6:7-8)
- ❑ Haciéndote creer que debes obtener la aprobación de ciertas personas para ser feliz (ver Gálatas 1:10)
- ❑ Haciéndote creer que debes estar a la altura de ciertos estándares para sentirte bien respecto de ti mismo (ver Gálatas 3:2-3; 5:1)

Padre celestial, confieso que he sido engañado por [confiesa los puntos que marcaste]. **Te agradezco tu perdón, y me propongo creer solo tu verdad. Te lo pido en el nombre de Jesús. Amén.**

MANERAS EN QUE TE ENGAÑAS A TI MISMO
- ❑ Oír la Palabra de Dios, pero no hacer lo que dice (ver Santiago 1:22)
- ❑ Decir que no tienes pecado (ver 1 Juan 1:8)
- ❑ Creer que eres algo que en realidad no eres (ver Gálatas 6:3)
- ❑ Creer que eres sabio en esta era mundana (ver 1 Corintios 3:18-19)
- ❑ Creer que puedes ser religioso de verdad, pero no poner freno a tu lengua (ver Santiago 1:26)
- ❑ Creer que Dios es el causante de tus problemas (ver Lamentaciones 3)
- ❑ Creer que puedes vivir sin la ayuda de nadie (ver 1 Corintios 12:14-20)

Señor, confieso que me he engañado con [confiesa los puntos que marcaste]. Te agradezco por tu perdón, y me propongo creer solo tu verdad. Te lo pido en el nombre de Jesús. Amén.

Maneras equivocadas en que tratas de protegerte

- ❏ Negación de la realidad (consciente o inconsciente)
- ❏ Fantasías (escape de la realidad soñando despierto, o a través de la televisión, las películas, la música, los juegos de computadora o los vídeos, las drogas, el alcohol)
- ❏ Aislamiento emocional (alejarse de la gente o mantener a distancia a las personas para evitar el rechazo)
- ❏ Regresión (regresar a tiempos pasados menos amenazadores)
- ❏ Enojo desplazado (descargar frustraciones contra personas inocentes)
- ❏ Proyección (atribuir a otro lo que encuentras inaceptable en ti)
- ❏ Racionalización (crear excusas para tu mala conducta)
- ❏ Mentira (protegerte mediante falsedades)
- ❏ Culparte (cuando no eres culpable) y culpar a otros
- ❏ Hipocresía (presentar una falsa imagen)

Padre amado, confieso que me he defendido de forma injusta por medio de [confiesa los puntos que marcaste]. **Te agradezco por tu perdón, y confío en que me defenderás y me protegerás. Te lo pido en el nombre de Jesús. Amén.**

Las tácticas equivocadas que hemos empleado para escudarnos del dolor y del rechazo a menudo están profundamente arraigadas en nuestras vidas. Quizá necesites disciplina o consejería adicional para aprender a dejar que Cristo sea tu roca, tu fortaleza, tu libertador y tu refugio (ver Salmo 18:1-2). Mientras más aprendas cuán amoroso, poderoso y protector es Dios, más fácil te será confiar en Él. Mientras más comprendas cómo Él te acepta totalmente en Cristo, más libre estarás para ser franco, sincero y (en una manera sana) vulnerable ante Dios y los demás.

El movimiento de la Nueva Era ha distorsionado el concepto de la fe al enseñar que si creemos en algo lo convertimos en realidad. Eso es falso. No podemos crear la realidad con la mente; solo Dios puede hacer eso. Nuestra responsabilidad es *enfrentar* la realidad y creer que lo que Dios dice es verdad. La fe bíblica, por consiguiente, es decidirse a creer y a actuar basado en lo que es cierto, porque Dios dijo que es verdad, y Él es la Verdad. La fe es algo que decides hacer, no algo que tienes ganas de hacer. Creer algo no lo convierte en realidad; *ya es verdad, ¡por tanto lo creemos!*

Todo el mundo vive por fe. La única diferencia entre la fe cristiana y la fe que no es cristiana es el objeto de esa fe. Si el objeto de esa fe no es digno de confianza, no hay fe grande ni pequeña que pueda cambiar las cosas. Por eso nuestra fe debe estar cimentada sobre la roca sólida del carácter perfecto e inmutable de Dios y la verdad de su Palabra. Durante dos mil años los cristianos han entendido la importancia de declarar la verdad de manera verbal y pública.

Lee **en voz alta** las siguientes Declaraciones de la Verdad, y reflexiona con cuidado en lo que estás profesando. Quizá te ayude leerlas **en voz alta** a diario por varias semanas, lo cual te ayudará a renovar tu mente hacia la verdad.

DECLARACIONES DE LA VERDAD

1. Reconozco que solo hay un Dios vivo y verdadero que existe como el Padre, el Hijo y el Espíritu Santo. Él es digno de toda honra, alabanza y gloria como el Único que hizo todas las cosas, y en Él subsiste todo cuanto existe. [Ver Éxodo 20:2-3; Colosenses 1:16-17].

2. Reconozco a Jesucristo como el Mesías, el Verbo que se hizo carne y que moró entre nosotros. Creo que Él vino para deshacer las obras del diablo, que despojó a los principados y las potestades, que los exhibió públicamente y que triunfó sobre ellos. [Ver Juan 1:1, 14; Colosenses 2:15; 1 Juan 3:8].

3. Creo que Dios demostró su amor por mí en que aunque yo era pecador, Cristo murió por mí. Creo que Él me ha liberado del dominio de las tinieblas y me ha transferido a su reino, y que en Él tengo redención, el perdón de pecados. [Ver Romanos 5:8; Colosenses 1:13-14].

4. Creo que ahora soy hijo de Dios y que estoy sentado con Cristo en los lugares celestiales. Creo que fui salvo por la gracia de Dios por medio de la fe, y que esto fue un regalo y no el resultado de ninguna obra de mi parte. [Ver Efesios 2:6, 8-9; 1 Juan 3:1-3].

5. Decido ser fuerte en el Señor y en la fuerza de su poder. No pongo mi confianza en la carne, porque las armas de guerra no son carnales, sino divinamente poderosas para la destrucción de fortalezas. Me pongo toda la armadura de Dios. Decido estar firme en mi fe y resistir al maligno. [Ver 2 Corintios 10:4; Efesios 6:10-20; Filipenses 3:3].

6. Creo que separado de Cristo no puedo hacer nada, por eso declaro mi total dependencia en Él. Decido permanecer en Cristo para llevar mucho fruto y glorificar a mi Padre. Le anuncio a Satanás que Jesús es mi Señor. Rechazo todos y cada uno de los dones u obras falsificadas de Satanás en mi vida. [Ver Juan 15:5, 8; 1 Corintios 12:3].

7. Creo que la verdad me hará libre, y que Jesús es la verdad. Si Él me libera, seré libre de veras. Reconozco que caminar en la luz es la única senda de verdadera comunión con Dios y el hombre. Por lo tanto, me opongo a

todo engaño de Satanás llevando cautivo todo pensamiento a la obediencia a Cristo. Declaro que la Biblia es la única norma autorizada de verdad y vida. [Ver Juan 8:32, 36; 14:6; 2 Corintios 10:5; 2 Timoteo 3:15-17; 1 Juan 1:3-7].

8. Decido presentar mi cuerpo a Dios como sacrificio vivo y santo, y los miembros de mi cuerpo como instrumentos de justicia. Escojo renovar mi mente por la Palabra viva de Dios para que yo compruebe que la voluntad de Dios es buena, agradable y perfecta. Me despojo del viejo hombre con sus prácticas malignas y me revisto del nuevo hombre. Me afirmo como nueva criatura en Cristo. [Ver Romanos 6:13; 12:1-2; 2 Corintios 5:17; Colosenses 3:9-10].

9. Por fe decido estar lleno del Espíritu para que pueda ser guiado a toda verdad. Resuelvo andar en el Espíritu y no satisfacer los deseos de la carne. [Ver Juan 16:13; Gálatas 5:16; Efesios 5:18].

10. Renuncio a todo propósito egoísta y prefiero el designio supremo del amor. Escojo obedecer los dos mandamientos más grandes: amar al Señor mi Dios con todo mi corazón, con toda mi alma, con toda mi mente y con todas mis fuerzas, y amar al prójimo como a mí mismo. [Ver Mateo 22:37-39; 1 Timoteo 1:5].

11. Creo que el Señor Jesús tiene toda potestad en el cielo y en la tierra, y que está sobre todo principado y potestad. Estoy completo en Él. Creo que Satanás y sus demonios están sujetos a mí en Cristo, ya que soy miembro del Cuerpo de Cristo. Por tanto, obedezco el mandato de someterme a Dios y resistir al diablo, y ordeno a Satanás en el nombre de Jesucristo que se vaya de mi presencia. [Ver Mateo 28:18; Efesios 1:19-23; Colosenses 2:10; Santiago 4:7].

Paso 3

AMARGURA CONTRA PERDÓN

Tenemos el llamado a ser misericordiosos, así como nuestro Padre celestial es misericordioso (ver Lucas 6:36), y a perdonar a los demás como se nos ha perdonado (ver Efesios 4:31-32). Cuando lo hacemos, nos liberamos de nuestro pasado y evitamos que Satanás gane ventaja sobre nosotros (ver 2 Corintios 2:10-11). Pídele a Dios que te recuerde a qué personas debes perdonar, haciendo la siguiente oración **en voz alta:**

> Querido Padre celestial, te doy gracias por las riquezas de tu benignidad, paciencia y longanimidad hacia mí, pues sé que tu benignidad me lleva al arrepentimiento. Confieso que no he mostrado la misma benignidad y paciencia hacia quienes me han herido u ofendido [ver Romanos 2:4]. Al contrario, he conservado mi ira, amargura y resentimiento hacia ellos. Por favor, trae a mi mente todas las personas a las que debo perdonar para hacerlo ahora. Te lo pido en el nombre de Jesús. Amén.

En una hoja de papel aparte haz una lista de las personas que vengan a tu mente. En este punto no cuestiones si necesitas perdonarlas. A menudo también guardamos cosas contra nosotros mismos, y nos castigamos por malas decisiones que hemos tomado en el pasado. Escribe «yo mismo» al final de tu lista si necesitas perdonarte. Perdonarte es aceptar la verdad de que Dios ya te ha perdonado en Cristo. Si Él te perdona, ¡tú puedes perdonarte!

Escribe también al final de tu lista: «Pensamientos contra Dios». Obviamente, el Señor no ha hecho nada malo, por lo que no necesita nuestro perdón; pero debemos despojarnos de nuestras desilusiones con nuestro Padre celestial. A menudo las personas albergan pensamientos de enojo contra el Señor porque Él no hizo lo que querían que hiciera. Debemos liberarnos de esos sentimientos de ira o resentimiento hacia Dios.

Antes de empezar a pasar por el proceso de perdonar a los que están en la lista, revisa qué es el perdón y qué no es el perdón. A continuación se resaltan en negrilla los puntos críticos.

- **Perdonar no es olvidar.** Los que desean olvidar todo lo que les han hecho encuentran que no lo pueden hacer. Cuando Dios dice: «No me acordaré de tus pecados» (Isaías 43:25), está afirmando que no usará el pasado contra nosotros. Olvidar es un subproducto del largo proceso del perdón, pero nunca es un medio hacia este. No pospongas el perdón a quienes te hayan ofendido con la esperanza de que desaparezca el dolor. Una vez que decides perdonar a alguien, Cristo sanará tus heridas. No sanamos para olvidar; perdonamos para sanar.

- **Perdonar es un acto de la voluntad.** Puesto que Dios te exige que perdones, es algo que puedes hacer. Algunas personas conservan su enojo como un medio de protegerse de un maltrato mayor, pero todo lo que están haciendo es herirse a sí mismas. Otras quieren venganza. La Biblia enseña: «Mía es la venganza, yo pagaré, dice el Señor» (Romanos 12:19). Deja que Dios trate con esa persona. Libera a esa persona del problema porque mientras no quieras perdonar a alguien, seguirás enganchado a esa persona; seguirás encadenado a tu pasado y atado a tu amargura. Al perdonar, permites que la otra persona se libre de problemas contigo, pero no con Dios. Debes confiar que Dios lidiará con esa persona de forma justa y limpia, algo que tú jamás podrías hacer.

¡Pero no sabes cuánto me hirió esta persona! Ningún humano conoce de veras el sufrimiento de los demás, pero Jesús sí, y Él nos dio instrucciones de perdonarlos por nuestro bien. A menos que te despojes de tu amargura y tu odio, la persona aún te estará hiriendo. Nadie puede componer tu pasado, pero puedes liberarte de él. Lo que ganas al perdonar es libertad de tu pasado y de quienes te han maltratado. Perdonar es liberar a un cautivo, y luego comprender que tú eras el cautivo.

- **Perdonar es estar de acuerdo en vivir con las consecuencias del pecado de otra persona.** Todos estamos viviendo con las consecuencias del pecado de otro. Sin embargo, podemos hacerlo en la *esclavitud de la amargura* o en la *libertad del perdón*. ¿Pero dónde está la justicia? La cruz hace que el perdón sea legal y adecuado en lo moral. Jesús murió una sola vez por todos nuestros pecados. Debemos perdonar como Cristo nos perdonó. Él hizo eso echando sobre sí mismo las consecuencias de nuestros pecados. «Al que no conoció pecado, por nosotros [Dios] lo hizo pecado, para que nosotros fuésemos hechos justicia de Dios en él» (2 Corintios 5:21). No esperes que la otra persona te pida perdón. Recuerda que para poder perdonarlos, Jesús no esperó que quienes lo estaban crucificando se disculparan. Incluso mientras se burlaban y lo abucheaban, Él oró: «Padre, perdónalos, porque no saben lo que hacen» (Lucas 23:34).

- **Perdona de corazón.** Deja que Dios saque a flote los recuerdos dolorosos, y reconoce cómo te sientes hacia quienes te han herido. Si tu perdón no toca el centro emocional de tu vida, será incompleto. Muy a menudo nos aterra el dolor, por eso sepultamos muy profundamente dentro de nosotros nuestras emociones. Deja que Dios las saque a la superficie, y así Él puede empezar a sanar esas emociones dañadas.

- **Perdonar es decidirse uno a no conservar ya más el pecado de alguien en su contra.** Es común que individuos amargados saquen a relucir ofensas pasadas ante quienes los han herido. ¡Quieren que se sientan tan mal como ellos! Sin embargo, debemos liberarnos del pasado y rechazar cualquier pensamiento de venganza. Esto no significa que sigas aguantando el maltrato. Dios no tolera el pecado, ni tú tampoco debes tolerarlo. Deberás fijar límites bíblicos que pongan un alto al maltrato. Toma una posición contra el pecado mientras sigues haciendo uso de la gracia y el perdón hacia quienes te hirieron. Si necesitas ayuda para fijar límites bíblicos que te protejan de más maltrato, habla con un amigo de confianza, un consejero o un pastor.

- **No esperes hasta tener deseos de perdonar.** Nunca querrás hacerlo. Toma la difícil decisión de perdonar, aunque no sientas deseos de hacerlo. Una vez que decidas perdonar, Satanás perderá su derecho sobre ti, y Dios sanará tus emociones dañadas.

Empieza con la primera persona en tu lista, y decide perdonarla por todo recuerdo doloroso que llegue a tu mente. Quédate con esa persona hasta que tengas la seguridad de que has tratado con todo dolor que recuerdas. Luego continúa del mismo modo con el resto de la lista.

Cuando empieces a perdonar a las personas, es posible que Dios te haga recordar situaciones dolorosas que has olvidado por completo. Permítele hacer esto, aunque te duela. Dios está haciendo salir a la superficie esos recuerdos dolorosos para que puedas enfrentarlos de una vez y para siempre y desecharlos. No excuses la conducta del agresor, aunque se trate de alguien muy cercano a ti.

No digas: «Señor, ayúdame a perdonar». Él ya te está ayudando y estará contigo durante todo el proceso. No digas: «Señor, quiero perdonar», porque eso elude la difícil decisión que debemos tomar. Di: «Señor, voy a perdonar a estas personas y lo que me hicieron».

Por cada recuerdo doloroso que Dios revele en cuanto a cada persona en tu lista, ora **en voz alta:**

Señor, decido perdonar a [nombra la persona] **por** [lo que hizo o no hizo] **porque me hizo sentir** [habla de los sentimientos dolorosos; p. ej. rechazado, sucio, indigno, inferior, etc.].

Después de perdonar a cada persona por todo recuerdo doloroso, ora así:

Señor, desecho mis resentimientos. Renuncio a mi derecho de vengarme, y te pido que sanes mis emociones dañadas. Gracias por liberarme de la esclavitud de mi amargura. Ahora te pido que bendigas a quienes me han herido. Te lo ruego en el nombre de Jesús. Amén.

Antes de que viniéramos a Cristo, en nuestra mente se levantaban pensamientos en contra del verdadero conocimiento de Dios (ver 2 Corintios 10:3-5). Incluso como creyentes albergamos resentimientos hacia el Señor, lo que nos dificulta nuestro caminar con Él. Debemos tener un temor sano de Dios —temor reverencial ante su santidad, poder y presencia— pero no temamos su castigo. Romanos 8:15 establece: «No habéis recibido el espíritu de esclavitud para estar otra vez en temor, sino que habéis recibido el espíritu de adopción, por el cual clamamos: ¡Abba, Padre!».

El siguiente ejercicio te ayudará a renovar tu mente para un verdadero conocimiento de tu Padre celestial. Lee en voz alta la lista empezando con la columna izquierda y luego la correspondiente columna de la derecha. Comienza cada una con la afirmación en negrilla en la parte superior de esa lista.

Reconoce la verdad acerca de tu Padre Dios

Rechazo la mentira de que mi Padre Dios es	Prefiero creer la verdad de que mi Padre Dios *es*
Distante y no se interesa en mí	Cercano e involucrado [ver Salmo 139:1-18]
Insensible e indiferente	Amable y compasivo [ver Salmo 103:8-14]
Severo y exigente	Reconocido y lleno de gozo y amor [ver Sofonías 3:17; Romanos 15:7]
Pasivo y frío	Cálido y afectuoso [ver Isaías 40:11; Oseas 11:3-4]
Ausente y demasiado ocupado para atenderme	Alguien siempre conmigo y ansioso de estar conmigo [ver Jeremías 31:20; Ezequiel 34:11-16; Hebreos 13:5]
Impaciente, iracundo y rechazador	Paciente y lento para la ira [ver Éxodo 34:6; 2 Pedro 3:9]
Malo, cruel o abusador	Amoroso, dulce y protector [ver Jeremías 31:3; Isaías 42:3; Salmo 18:2]
Alguien que trata de eliminar la alegría de vivir	Confiable y quiere darme una vida plena; su voluntad es buena, agradable y perfecta [ver Lamentaciones 3:22-23; Juan 10:10; Romanos 12:1-2]
Controlador o manipulador	Lleno de gracia y misericordia, y me permite fracasar [ver Lucas 15:11-16; Hebreos 4:15-16]
Condenador o no perdonador	Bondadoso y perdonador; su corazón y sus brazos siempre están abiertos para mí [ver Salmo 130:1-4; Lucas 15:17-24]
Un perfeccionista exigente que se fija en nimiedades	Comprometido con mi crecimiento y orgulloso de mí como su hijo amado [ver Romanos 8:28-29; Hebreos 12:5-11; 2 Corintios 7:4]

¡SOY LA NIÑA DE SUS OJOS!
(Ver Deuteronomio 32:9-10)

PASO 4
REBELIÓN CONTRA SUMISIÓN

Vivimos en tiempos de rebeldía. Muchas personas enjuician a quienes están en autoridad sobre ellas, y solo se someten cuando les conviene, o lo hacen por temor a ser atrapados. La Biblia nos da instrucciones de orar por quienes están en autoridad sobre nosotros (ver 1 Timoteo 2:1-2) y de someternos a las autoridades gubernamentales (ver Romanos 13:1-7). Cuando nos rebelamos contra Dios y la autoridad que ha establecido quedamos espiritualmente vulnerables. La única vez que Dios nos permite desobedecer a los líderes terrenales es cuando nos exigen hacer algo moralmente malo o cuando intentan gobernar fuera de la esfera de su autoridad. Para tener un espíritu sumiso y un corazón de siervo, haz **en voz alta** la siguiente oración:

> Querido Padre celestial: tú has dicho que la rebelión es como pecado de adivinación y que la insubordinación es como iniquidad e idolatría [1 Samuel 15:23]. Sé que no siempre he sido sumiso, sino que en mi corazón me he rebelado en actitud y en actos contra ti y contra aquellos que has puesto en autoridad sobre mí. Muéstrame todas las maneras en que he sido rebelde. Decido ahora adoptar un espíritu dócil y un corazón de siervo. Oro en el nombre de Jesús. Amén.

Es un acto de fe confiar en que Dios obra en nuestra vida por medio de líderes que son menos que perfectos, pero eso es lo que Él nos pide que hagamos. Si los que están en posición de liderazgo o poder abusan de su autoridad y quebrantan las leyes diseñadas para proteger a personas inocentes, debes buscar ayuda de una autoridad superior. Muchos estados exigen que ciertas clases de abuso se informen a una agencia gubernamental. Si esa es tu situación, te instamos a que consigas de inmediato la ayuda que necesitas. Sin embargo, no supongas que alguien que está en autoridad viola la Palabra de Dios solo porque te está diciendo que hagas algo que no te gusta. Dios ha establecido líneas específicas de autoridad para protegernos y poner orden en la sociedad. Es la posición de autoridad lo que respetamos. Sin autoridades que gobiernen, toda sociedad sería un caos. De la lista siguiente, deja que el Señor te muestre algunas maneras específicas en que has sido rebelde, y usa la oración que sigue para confesar esos pecados que Él traiga a tu mente.

- ❏ Gobierno civil, incluyendo leyes de tráfico, leyes de impuestos, actitud hacia funcionarios gubernamentales (ver Romanos 13:1-7; 1 Timoteo 2:1-4; 1 Pedro 2:13-17)
- ❏ Padres, padrastros o guardianes legales (ver Efesios 6:1-3)
- ❏ Maestros, entrenadores y funcionarios escolares (ver Romanos 13:1-4)

- Patronos, pasados y presentes (ver 1 Pedro 2:18-23)
- Esposo (ver 1 Pedro 3:1-4) o esposa (ver Efesios 5:21; 1 Pedro 3:7)
  (**Observación para los esposos:** Pregúntale al Señor si tu falta de amor por tu esposa podría estar alimentando un espíritu de rebeldía en ella. De ser así, confiesa eso como una violación de Efesios 5:22-23).
- Líderes de la iglesia (ver Hebreos 13:7)
- Dios (ver Daniel 9:5, 9)

Cada vez que el Espíritu de Dios te recuerde que has sido rebelde, usa la siguiente oración para confesar específicamente ese pecado:

Padre, confieso que he sido rebelde hacia [nombre o posición] **por** [confiesa específicamente lo que hiciste o no hiciste]. **Gracias por tu perdón. Decido ser sumiso y obediente a tu Palabra. Te lo pido en el nombre de Jesús. Amén.**

PASO 5

SOBERBIA CONTRA HUMILDAD

La soberbia llega antes de la caída, pero Dios da gracia al humilde (ver Santiago 4:6; 1 Pedro 5:1-10). La humildad es confianza puesta de forma adecuada en Dios, y tenemos instrucciones de no confiar en la carne (ver Filipenses 3:3). Debemos fortalecernos en el Señor y en el poder de su fuerza (ver Efesios 6:10). Proverbios 3:5-7 nos insta a confiar en el Señor de todo corazón y a no apoyarnos en nuestra propia prudencia. Usa la siguiente oración para pedir dirección divina con relación a formas en que puedes haber sido soberbio:

> Querido Padre celestial, tú has dicho que la soberbia viene antes que la destrucción, y un espíritu arrogante antes del tropiezo. Confieso que me he enfocado en mis propias necesidades y deseos, y no en las necesidades de los demás. No siempre me he negado a mí mismo, no he tomado a diario mi cruz ni te he seguido. He confiado en mis propias fuerzas y recursos en vez de descansar en las tuyas. He puesto mi voluntad antes que la tuya, y he centrado mi vida alrededor de mí y no de ti. Confieso mi soberbia y mi egoísmo, y te pido que anules todo terreno ganado en mi vida por los enemigos del Señor Jesucristo. Decido descansar en el poder y la dirección del Espíritu Santo para no hacer nada por egoísmo o vano engreimiento. Pero con humildad decido considerar a los demás como más importantes que yo. Te reconozco como mi Señor, y confieso que separado de ti no puedo hacer nada de importancia duradera. Examina mi corazón, y muéstrame las maneras en que he vivido en orgullo. Te lo pido en el tierno y humilde nombre de Jesús. Amén. [Ver Proverbios 16:18; Mateo 6:33; 16:24; Romanos 12:10; Filipenses 2:3].

Ora usando la lista siguiente y usa la oración que hay a continuación para confesar cualquier pecado de soberbia que el Señor te recuerde:

- ❏ Tener un deseo más fuerte de hacer mi voluntad que la de Dios
- ❏ Apoyarme demasiado en mi propia prudencia y experiencia en vez de buscar la dirección del Señor por medio de la oración y de su Palabra
- ❏ Confiar en mis propias fuerzas y recursos en vez de depender del poder del Espíritu Santo
- ❏ Estar más interesado en controlar a otros que en desarrollar el dominio propio
- ❏ Estar demasiado ocupado haciendo cosas aparentemente importantes y egoístas en vez de buscar a Dios y hacer su voluntad
- ❏ Tener la tendencia de creer que no tengo necesidades

- ❏ Descubrir que es difícil reconocer que me equivoco
- ❏ Estar más preocupado en agradar a los demás que a Dios
- ❏ Preocuparme demasiado por obtener el reconocimiento que creo merecer
- ❏ Creer que soy más humilde, espiritual, religioso o devoto que otros
- ❏ Estar impulsado a obtener reconocimiento al conseguir jerarquías, títulos y posiciones
- ❏ Sentir a menudo que mis necesidades son más importantes que las de los demás
- ❏ Considerarme mejor que otros debido a mis capacidades y logros académicos, artísticos o atléticos
- ❏ Tener sentimientos de inferioridad bajo la apariencia de humildad
- ❏ No esperar en Dios
- ❏ Otras maneras en que me he exaltado más de lo que debía

Por cada una de las cuestiones anteriores que han sido realidad en tu vida, ora en voz alta:

Señor, estoy de acuerdo en que he tenido soberbia por [enumera cada punto que marcaste]. Gracias por tu perdón. Decido humillarme ante ti y ante los demás. Decido poner toda mi confianza en ti y no en mi carne. Te lo pido en el nombre de Jesús. Amén.

PASO 6
ESCLAVITUD CONTRA LIBERTAD

Muchas veces nos sentimos atrapados en un círculo vicioso de pecar-confesar-pecar-confesar que parece interminable. Nos podemos desanimar mucho y terminar cediendo y entregándonos a los pecados de la carne. Para experimentar nuestra libertad, debemos seguir Santiago 4:7: «Someteos, pues, a Dios; resistid al diablo, y huirá de vosotros». Nos sometemos a Dios mediante la confesión de pecados y el arrepentimiento (volverse del pecado). Resistimos al diablo al rechazar sus mentiras. Debemos caminar en la verdad y ponernos toda la armadura de Dios (ver Efesios 6:10-20).

A menudo el pecado que se ha convertido en hábito requiere ayuda de un hermano o una hermana confiable. Santiago 5:16 dice: «Confesaos vuestras ofensas unos a otros, y orad unos por otros, para que seáis sanados. La oración eficaz del justo puede mucho». A veces es suficiente la convicción de 1 Juan 1:9: «Si confesamos nuestros pecados, él es fiel y justo para perdonar nuestros pecados, y limpiarnos de toda maldad».

Recuerda que confesar no es solo decir: «Lo siento». Es reconocer francamente: «Lo hice». Si necesitas ayuda de otra persona, o sencillamente la responsabilidad de caminar en la luz ante Dios, haz **en voz alta** la siguiente oración:

> **Querido Padre celestial, tú me has dicho que me vista del Señor Jesucristo y que no provea para los deseos de la carne con relación a su lujuria. Confieso que he cedido ante deseos lujuriosos que están en conflicto con mi alma. Te agradezco que en Cristo hayas perdonado mis pecados; sin embargo, he violado tu santa ley y he permitido que el pecado libre una guerra en mi cuerpo. Ahora vengo a ti para confesar y rechazar estos pecados de la carne, para así ser limpio y libre de la esclavitud del pecado. Te ruego que me reveles todos los pecados de la carne que he cometido, y las maneras en que he contristado al Espíritu Santo. Te lo pido en el santo nombre de Jesús.** [Ver Romanos 6:12-13; 13:14; 2 Corintios 4:2; Santiago 4:1; 1 Pedro 2:11; 5:8].

La siguiente lista contiene muchos de los pecados de la carne, pero examinar en oración Marcos 7:20-23; Gálatas 5:19-21; Efesios 4:25-31, y otros pasajes bíblicos, te ayudará a ver más a fondo. Observa la lista que sigue y los pasajes que acabamos de enumerar, y pide al Espíritu Santo que lleve a tu mente todos los pecados que debes confesar. Quizá también te revele otros. Por cada pecado que el Señor te muestre, haz con toda el alma una oración de confesión. Después de la lista hay un ejemplo de oración. (**Observación**: Más tarde en este capítulo trataremos con pecados sexuales, Trastornos alimenticios, abuso de sustancias, aborto, tendencias suicidas y perfeccionismo. Tal vez sea necesaria más consejería para encontrar perfecta restauración y libertad en estas y en otras cuestiones).

- ❏ Robo
- ❏ Riñas/peleas
- ❏ Celos/envidia
- ❏ Quejas/crítica
- ❏ Sarcasmo
- ❏ Actos lujuriosos
- ❏ Chisme/calumnia

- ❏ Vocabulario soez
- ❏ Indolencia/pereza
- ❏ Mentira
- ❏ Odio
- ❏ Enojo
- ❏ Pensamientos lujuriosos
- ❏ Borrachera

- ❏ Estafa
- ❏ Procrastinación
- ❏ Codicia/materialismo
- ❏ Otros: _____
  _____
  _____
  _____

Señor Jesús, confieso que he pecado contra ti por [enumera los pecados]. Gracias por tu perdón y tu limpieza. Me alejo ahora de estas expresiones de pecado y me vuelvo a ti, Señor. Lléname con tu Espíritu Santo para no dar rienda suelta a los deseos de la carne. Te lo pido en el nombre de Jesús. Amén.

Observación: Si estás luchando con pecado habitual, lee *Venzamos esa conducta adictiva* de Neil T. Anderson y Mike Quarles (Editorial Unilit, Miami, Florida, 2005), y *Libertad en un mundo obsesionado por el sexo* (Editorial Unilit, Miami, Florida, 2004).

CÓMO ENFRENTAR EL PECADO SEXUAL

Es responsabilidad nuestra no permitir que el pecado reine (gobierne) en nuestros cuerpos mortales. No debemos usar nuestro cuerpo, ni el de otras personas, como instrumentos de iniquidad (ver Romanos 6:12-13). La inmoralidad sexual no es solo un pecado contra Dios, sino también contra tu cuerpo, que es templo del Espíritu Santo (ver 1 Corintios 6:18-19). Para encontrar libertad de una esclavitud sexual, comienza haciendo la siguiente oración:

Señor Jesús, he permitido que el pecado reine en mi cuerpo mortal. Te pido que traigas a mi mente todo uso sexual de mi cuerpo como instrumento de iniquidad, para que pueda rechazar esos pecados sexuales y romper esas ataduras pecaminosas. Te lo pido en el nombre de Jesús. Amén.

A medida que el Señor te recuerde todo uso inmoral de tu cuerpo, sea contra ti (violación, incesto, manoseo sexual) o cometido por ti (pornografía, masturbación, inmoralidad sexual), rechaza de este modo *cada* experiencia:

Señor Jesús, renuncio a [nombra las experiencias sexuales] con [nombre de la persona]. Te pido que rompas esa atadura pecaminosa con [nombre de la persona] de manera espiritual, física y emocional.

Después que hayas terminado, conságrale tu cuerpo al Señor orando:

Querido Padre celestial, rechazo todos estos usos de mi cuerpo como instrumento de iniquidad, y confieso toda participación voluntaria. Decido presentarte mi cuerpo físico como instrumento de justicia y sacrificio vivo, santo y agradable a ti. Decido reservar el uso sexual de mi cuerpo únicamente para el matrimonio. Rechazo la mentira del diablo de que mi cuerpo no está limpio o que está sucio, o que de algún modo es inaceptable para ti como resultado de mis experiencias sexuales pasadas. Señor, te agradezco que me hayas limpiado y perdonado, y que me ames y me aceptes del modo que soy. Por tanto, decido ahora aceptarme y aceptar mi cuerpo como algo limpio ante tus ojos. Te lo pido en el nombre de Jesús. Amén.

Oraciones por asuntos específicos

Pornografía

Señor Jesús, confieso que he visto material sexualmente provocativo y pornográfico con el propósito de gratificarme sexualmente. He intentado satisfacer mis deseos lujuriosos y he contaminado mi cuerpo, mi alma y mi espíritu. Gracias por limpiarme y por tu perdón. Renuncio a cualquier atadura satánica que haya permitido en mi vida por el uso inicuo de mi cuerpo y mi mente. Señor, me comprometo a destruir todo objeto en mi poder que haya usado para gratificación sexual, y a alejarme de todo medio de comunicación que esté asociado con mi pecado sexual. Me propongo renovar mi mente y a tener pensamientos puros. Lléname con tu Espíritu Santo para no dar rienda suelta a los deseos de la carne. Te lo pido en el nombre de Jesús. Amén.

Homosexualidad

Señor Jesús, rechazo la mentira de que me creaste a mí o a otra persona para ser homosexual, y concuerdo con que en tu Palabra prohíbes claramente la conducta homosexual. Decido aceptarme como hijo de Dios y te agradezco que me crearas hombre [o mujer]. Rechazo todo pensamiento, deseo, impulso y acción homosexual, y rechazo todas las maneras en que Satanás ha usado esas cosas para pervertir mis relaciones. Declaro que soy libre en Cristo para relacionarme con el sexo opuesto y con mi propio sexo del modo que tú deseas. Te lo pido en el nombre de Jesús. Amén.

Aborto

Señor, Jesús, confieso que no fui buena guardiana ni protectora de la vida que me confiaste y confieso que he pecado. Gracias porque debido a tu perdón me puedo perdonar. Te entrego esa criatura para toda la eternidad y creo que está en tus manos protectoras. Te lo pido en el nombre de Jesús. Amén.

Tendencias suicidas

Señor, renuncio a todo pensamiento de suicidio y a cualquier intento que he hecho de quitarme la vida o hacerme daño a mí mismo. Renuncio a la mentira de que no hay esperanza en la vida y de que puedo encontrar paz y libertad quitándome la vida. Satanás es un ladrón que viene a robar, matar y destruir. Prefiero vivir en Cristo, quien dijo que vino a darme vida y a dármela en abundancia [ver Juan 10:10]. Gracias por tu perdón que me permite perdonarme. Decido creer que siempre hay esperanza en Cristo y que mi Padre celestial me ama. Te lo pido en el nombre de Jesús. Amén.

Tendencias a ser impetuoso y perfeccionista

Señor, renuncio a la mentira de que mi autoestima depende de mi capacidad para desempeñar una función. Declaro la verdad de que mi identidad y mi sensación de valía se basan en lo que soy como tu hijo. Renuncio a buscar aprobación de otras personas, y prefiero creer que ya tengo aceptación y aprobación en Cristo debido a que murió y resucitó por mí. Escojo creer la verdad de que he sido salvado, no por obras hechas de justicia, sino por tu misericordia. Decido creer que ya no estoy bajo la maldición de la ley porque Cristo se hizo maldición por mí. Recibo el regalo de vida en Cristo y decido permanecer en Él. Renuncio a buscar perfección tratando de vivir bajo la ley. Por tu gracia, Padre celestial, decido de hoy en adelante caminar por fe en el poder de tu Santo Espíritu según lo que has afirmado que es cierto. Te lo pido en el nombre de Jesús. Amén.

Trastornos alimenticios o automutilación

Señor, renuncio a la mentira de que mi valor como individuo depende de mi apariencia o comportamiento. Renuncio a cortarme, vomitar, usar laxantes o pasar hambre como medio de estar en control, alterar mi apariencia o tratar de limpiarme del mal. Declaro que solamente la sangre del Señor Jesucristo me limpia de pecado. Comprendo que he sido comprado por precio, y que mi cuerpo, que es templo del Espíritu Santo, te pertenece, Señor. Por consiguiente, decido glorificarte en mi cuerpo. Renuncio a la mentira de que soy malo o que alguna parte de mi cuerpo es mala. Gracias porque me aceptas del modo en que soy en Cristo. Te lo pido en el nombre de Jesús. Amén.

Abuso de sustancias

Señor, confieso que he utilizado mal ciertas sustancias [alcohol, tabaco, alimentos, medicinas o drogas] con el propósito de obtener placer, para escapar de la realidad o para enfrentar problemas difíciles. Confieso que he maltratado mi cuerpo, y que he programado mi mente de maneras peligrosas. También he apagado al Espíritu Santo. Gracias por tu perdón. Renuncio a cualquier conexión o influencia satánica en mi vida a través de la mala utilización de alimentos o productos químicos. Me comprometo a no seguir cediendo al abuso de esas cosas, pero a la vez decido dejar que el Espíritu Santo me dirija y me dé poder. Te lo pido en el nombre de Jesús. Amén.

CÓMO VENCER EL TEMOR

El temor es una respuesta natural que Dios ha puesto en nosotros cuando está amenazada nuestra seguridad física o psicológica. Valor no es ausencia de temor; es vivir por fe y hacer lo bueno frente a objetos ilegítimos de temor. El temor de Dios es el principio de la sabiduría, y es el único temor que puede dominar a los demás temores. Los temores irracionales nos obligan a vivir de modo irresponsable, o nos impiden hacer lo que es responsable y ser de buen testimonio. Detrás de todo temor irracional yace una mentira que es necesario identificar. Permite que el Señor haga surgir a la superficie todos los temores dominantes en tu vida, y todas las mentiras enraizadas haciendo la siguiente oración:

> Querido Padre celestial, confieso que he permitido que el temor me domine y que la falta de fe es pecado. Gracias por tu perdón. Reconozco que no me has dado espíritu de temor sino de poder, amor y dominio propio [ver 2 Timoteo 1:7]. Renuncio a todo espíritu de temor que opera en mi vida, y te pido que saques a la luz todos los temores dominantes en mi vida y las mentiras que yacen detrás de ellos. Deseo vivir por fe en ti y en el poder de tu Espíritu Santo. Te lo pido en el nombre de Jesús. Amén.

- ❏ Temor a la muerte
- ❏ Temor a no amar o ser amado
- ❏ Temor a Satanás
- ❏ Temor a pasar vergüenza
- ❏ Temor al fracaso
- ❏ Temor a ser discriminado
- ❏ Temor a ser rechazado por otras personas
- ❏ Temor al matrimonio
- ❏ Temor a la desaprobación
- ❏ Temor al divorcio

- ❏ Temor a la muerte de un ser querido
- ❏ Temor al enfrentamiento
- ❏ Temor a ser un caso perdido
- ❏ Temor a ciertos individuos (enuméralos a continuación)
  _____
  _____
  _____
- ❏ Temor a perder mi salvación
- ❏ Temor a que Dios no me ame
- ❏ Temor a haber cometido el pecado imperdonable

- ❏ Temor a volverse o ser homosexual
- ❏ Temor a problemas económicos
- ❏ Temor al dolor o a las enfermedades
- ❏ Temor a nunca casarse
- ❏ Temor al futuro
- ❏ Temor a enloquecer
- ❏ Otros temores que me vienen ahora a la mente

_____
_____
_____

Analiza tu temor

¿Cuándo experimentaste por primera vez ese temor, y qué acontecimientos precedieron a la primera experiencia? ¿Qué mentiras has estado creyendo que son la base de tu temor? ¿Cómo te ha impedido el temor vivir de modo responsable, o cómo ha puesto en peligro tu testimonio? Confiesa cualquier manera activa o pasiva en que has permitido que el temor te domine. Elabora un plan de conducta responsable, y determina por adelantado cuál será tu reacción a todo objeto de temor. Proponte a seguir el plan. Si haces lo que más temes, es seguro que se acaba el temor.

Señor, renuncio al temor a [nombra el temor y las mentiras que lo acompañan] **porque Dios no me ha dado espíritu de temor. Decido vivir por fe en ti, y te reconozco como el único objeto legítimo de temor en mi vida. Te lo pido en el nombre de Jesús. Amén.**

Observación: Para ayuda adicional con el temor, lee Neil T. Anderson y Rich Miller, *Libre del miedo*, Editorial Unilit, Miami, Florida, 2000.

PASO 7

MALDICIONES CONTRA BENDICIONES

La Biblia declara que las iniquidades de una generación pueden alcanzar las terceras y cuartas generaciones, pero que las bendiciones serán derramadas sobre cientos de generaciones de aquellos que aman y obedecen al Señor (ver Éxodo 20:4-6). Las iniquidades de una generación pueden afectar de modo adverso a sus descendientes, a menos que se renuncie a esos pecados y se tome posesión de la herencia en Cristo. Este ciclo de abuso y de toda influencia negativa se puede detener mediante un verdadero arrepentimiento. Jesús murió por nuestros pecados, pero esto solo se aplica cuando decidimos creer en Él, y solo se experimenta cuando nos arrepentimos. No somos culpables de los pecados de nuestros antepasados, pero la influencia de esos pecados nos ha afectado. Jesús dijo que después de haber completado nuestro aprendizaje seremos como nuestros maestros (ver Lucas 6:40), y Pedro escribió que fuimos rescatados de nuestra vana manera de vivir que recibimos de nuestros antepasados (ver 1 Pedro 1:18). Pídele al Señor que revele tus pecados ancestrales, y luego renuncia a ellos de este modo:

Querido Padre celestial, revela a mi mente todos los pecados de mis antepasados que se hayan transmitido por las líneas familiares. Puesto que soy nueva criatura en Cristo, quiero librarme de estas influencias y caminar en mi nueva identidad como hijo de Dios. Te lo pido en el nombre de Jesús. Amén.

Señor, renuncio a [confiesa todos los pecados familiares que Dios traiga a tu mente].

Satanás y la gente nos pueden maldecir, pero eso no tendrá ningún efecto sobre nosotros a menos que lo creamos. No podemos tomar de manera pasiva nuestro lugar en Cristo. Activa e intencionalmente debemos someternos a Dios y resistir al diablo, y entonces el diablo huirá de nosotros. Completa este paso final con la declaración y la oración que siguen:

DECLARACIÓN

En este mismo momento rechazo y repudio todos los pecados de mis antepasados. Como alguien que ha sido liberado del dominio de las tinieblas y transferido al reino del Hijo de Dios, me declaro libre de esas influencias perjudiciales. Ya no estoy «en Adán». Ahora vivo «en Cristo». Por lo tanto, soy receptor de las bendiciones de Dios sobre mi vida pues he decidido amarlo y obedecerle. Como alguien a quien se ha crucificado y ha resucitado con Cristo, y como quien se sienta en los lugares celestiales con Él, rechazo todas y cada una de las misiones satánicas y los ataques satánicos dirigidos contra mí y mi ministerio. Toda maldición lanzada sobre mí se rompió cuando Cristo se volvió maldición por mí al morir en la cruz [ver Gálatas 3:13]. Rechazo a todas y cada una de las formas en que Satanás podría alegar ser mi dueño. Pertenezco al Señor Jesucristo, quien me compró con su preciosa sangre. Declaro que estoy total y eternamente entregado al Señor Jesús y que me he consagrado a Él. Por ende, al haberme sometido a Dios, y por su autoridad, ahora resisto al diablo y ordeno que todo enemigo espiritual del Señor Jesucristo salga de mi presencia. Me pongo la armadura de Dios y me opongo firmemente a las tentaciones, las acusaciones y los engaños de Satanás. De hoy en adelante procuraré hacer solo la voluntad de mi Padre celestial.

ORACIÓN

Querido Padre que estás en el cielo, vengo a ti como tu hijo, redimido de la esclavitud del pecado por la sangre del Señor Jesucristo. Eres el Señor del universo y el Señor de mi vida. Someto mi cuerpo a ti como sacrificio vivo y santo. Glorifícate por medio de mi vida y mi cuerpo. Ahora te pido que me llenes con tu Santo Espíritu. Me comprometo a la renovación de mi mente para que pueda comprobar cuál es tu buena voluntad agradable y perfecta para mí. Nada deseo más que ser como tú. Oro, creo y hago esto en el maravilloso nombre de Jesús, mi Señor y Salvador. Amén.

PRESERVA TU LIBERTAD

Es emocionante experimentar tu libertad en Cristo; sin embargo, es necesario conservar lo que se ha logrado. Has ganado una batalla importante, pero la guerra continúa. Para mantener tu libertad en Cristo y crecer en la gracia de Dios, debes seguir renovando tu mente de acuerdo con la verdad de la Palabra de Dios. Si has llegado a ser consciente de mentiras que has creído, recházalas y escoge la verdad. Si surgen más recuerdos dolorosos, entonces perdona a quienes te hirieron y renuncia a cualquier parte pecaminosa que tuviste. Muchas personas deciden repasar los Pasos por su cuenta a fin de asegurarse que han lidiado con todos los asuntos. En ocasiones salen a flote nuevos asuntos. El proceso puede ayudarte cuando te haces una limpieza regularmente.

No es raro que después de estudiar los Pasos se tengan pensamientos como *Nada ha cambiado; Soy la misma persona que siempre he sido*, o *Esto no dio resultado*. En la mayoría de las veces simplemente debes hacer caso omiso a esos pensamientos. Nuestro llamado no es a disipar las tinieblas, sino a encender la luz. No te deshaces de pensamientos negativos reprendiéndolos uno a uno, sino arrepintiéndote y optando por la verdad.

Si no has leído los libros *Victoria sobre la oscuridad* y *Rompiendo las cadenas*, te animo a leerlos como preparación para estudiar los Pasos[1]. El devocional de veintiún días *Caminando con libertad* se escribió para quienes hayan completado los Pasos. Si deseas seguir creciendo en la gracia de Dios, también sugiero lo siguiente:

- Deshazte o destruye todos los objetos sectarios u ocultistas en tu casa (ver Hechos 19:18-20).
- Participa en un ministerio de grupos celulares o en hogares donde puedas ser sincero, y sé parte de una iglesia donde se enseñe la verdad de Dios con amabilidad y gracia.
- Lee y medita todos los días en la verdad de la Palabra de Dios.
- No dejes que tu mente sea pasiva, especialmente con relación a lo que ves y oyes (música, televisión, etc.). Activamente, lleva cautivo todo pensamiento a la obediencia de Cristo.
- Aprende a orar en el Espíritu (para información, lee *Oremos en el poder del Espíritu*)[2].
- Recuerda que eres responsable de tu salud mental, espiritual y física (para mayor información sobre esto último, lee *La verdad sobre la medicina alternativa*)[3].
- Usa la *Biblia Libertad en Cristo* o *The Daily Discipler* un estudio para el discípulo que te lleva por el proceso de santificación cinco días a la semana durante un año[4].

Oración y Declaración a Diario

Querido Padre celestial: Te alabo y te honro como mi Señor y Salvador. Estás en control de todas las cosas. Te agradezco que siempre estés conmigo y nunca me dejarás ni me desampararás. Eres el único Dios todopoderoso y sabio. Eres tierno y amoroso en todos tus caminos. Te amo y te agradezco porque estoy unido con Cristo y espiritualmente vivo en Él. Me propongo no amar al mundo ni las cosas del mundo, y crucifico la carne y todas sus pasiones.

Gracias por la vida que ahora tengo en Cristo. Te pido que me llenes de tu Espíritu Santo para poder estar guiado por ti y no satisfacer los deseos de la carne. Declaro mi total dependencia en ti, y me opongo a Satanás y a todos sus medios de mentira. Decido creer la verdad de la Palabra de Dios a pesar de lo que puedan decir mis sentimientos. Me niego a desanimarme; tú eres el Dios de toda esperanza. Nada es demasiado difícil para ti. Tengo confianza en que suplirás todas mis necesidades mientras trato de vivir según tu Palabra. Gracias porque puedo sentir contentamiento y vivir de manera responsable por medio de Cristo que me fortalece.

Ahora me opongo a Satanás y le ordeno que tanto él como todos sus espíritus malignos se alejen de mí. Decido ponerme toda la armadura de Dios y así estar firme contra todas las maquinaciones del diablo. Someto mi cuerpo como sacrificio vivo y santo a ti, y decido renovar mi mente por medio de tu Palabra viva. Al hacer eso podré comprobar cuál es tu buena voluntad, agradable y perfecta para mí. Te lo pido en el nombre de mi Señor y Salvador, Jesucristo. Amén.

Oración para la Hora de Acostarse

Gracias, Señor, porque me has hecho parte de tu familia y me has bendecido con toda bendición espiritual en los lugares celestiales en Cristo Jesús. Gracias por este tiempo de renovación y refrigerio durante el sueño. Lo acepto como una de tus bendiciones para tus hijos, y confío en que proteges mi mente y mi cuerpo mientras duermo.

Como he meditado en ti y en tu Palabra durante el día, decido dejar que esos buenos pensamientos continúen en mi mente mientras duermo. Me encomiendo a ti para recibir tu protección contra todo intento de Satanás y sus demonios de atacarme durante el sueño. Guarda mi mente de pesadillas. Renuncio a todo temor y deposito toda ansiedad sobre ti, Señor. Me entrego a ti como mi roca, mi refugio y mi torre fuerte. Que tu paz esté sobre este lugar de descanso. Te lo pido en el poderoso nombre del Señor Jesucristo. Amén.

Oración por limpieza espiritual de una casa, un apartamento o una habitación

Después de sacar y destruir todos los objetos de falsa adoración, haz esta oración **en voz alta** en cada habitación:

> Querido Padre celestial, reconozco que eres el Señor del cielo y de la tierra. En tu poder y amor soberanos me has confiado muchas cosas. Gracias por este lugar donde voy a vivir. Declaro mi casa como un lugar de seguridad espiritual para mi familia y para mí, y pido tu protección contra todos los ataques del enemigo. Como hijo de Dios, resucitado y sentado con Cristo en los lugares celestiales, ordeno a todo espíritu maligno que pueda querer permanecer aquí basado en las actividades de antiguos o presentes ocupantes, incluyéndonos a mi familia y a mí, que se vaya y que nunca regrese. Rechazo toda misión demoníaca dirigida contra este lugar. Te pido, Padre que estás en el cielo, que pongas tus ángeles alrededor de este lugar para protegerlo de todos y cada uno de los intentos del enemigo por entrar y obstaculizar tus propósitos con mi familia y conmigo. Gracias, Señor, en el nombre de Jesucristo, por hacer esto. Amén.

Oración cuando se vive en un ambiente que no es cristiano

Después de sacar y destruir todos los objetos de adoración falsa en tu posesión, haz **en voz alta** esta oración en el lugar donde vives:

> Gracias Padre celestial por un lugar para vivir y ser renovado durante el sueño. Te pido que guardes mi habitación [o parte de ella] como un lugar de seguridad espiritual para mí. Renuncio a cualquier lealtad a falsos dioses o espíritus, otorgada por otros ocupantes. Renuncio a cualquier reclamo de esta habitación [espacio] por parte de Satanás, basado en actividades de ocupantes pasados o presentes, incluyéndome a mí mismo. Basándome en mi posición como hijo de Dios y heredero con Cristo, quien tiene toda potestad en el cielo y en la tierra, ordeno a todos los espíritus malignos que salgan de este lugar y que nunca regresen. Te pido, Padre celestial, que coloques tus santos ángeles para protegerme mientras vivo aquí. Te lo ruego en el nombre de Jesús. Amén.

Pablo ora en Efesios 1:18-19, *NVI*: «Pido también que les sean iluminados los ojos del corazón para que sepan a qué esperanza él los ha llamado, cuál es la riqueza de su gloriosa herencia entre los santos, y cuán incomparable es la grandeza de su poder a favor de los que creemos». Amado, eres hijo de Dios» (ver 1 Juan 3:1-3), y «mi Dios suplirá todo lo que te falta conforme a sus riquezas en gloria en

Cristo Jesús» (Filipenses 4:19). Las necesidades fundamentales son las necesidades de «ser», tales como la vida eterna o espiritual que Él te ha dado, y la identidad que tienes en Cristo. Además, Jesús ha suplido tus necesidades de *aceptación, seguridad* e *importancia*. Aprende de memoria y medita diariamente en las siguientes verdades. Lee toda la lista **en voz alta**, en la mañana y la noche, durante las próximas semanas. Reflexiona en lo que estás leyendo y deja que la verdad de que estás en Cristo renueve tu mente. Esta es tu herencia en Cristo.

EN CRISTO

Renuncio a la mentira de que soy rechazado, que nadie me quiere, o que debo estar avergonzado. En Cristo *soy aceptado*. **Dios dice:**
- Soy hijo de Dios [ver Juan 1:12].
- Soy amigo de Cristo [ver Juan 15:5].
- He sido justificado [ver Romanos 5:1].
- Estoy unido con el Señor, y soy un espíritu con él [ver 1 Corintios 6:17].
- He sido comprado por precio. Pertenezco a Dios [ver 1 Corintios 6:19-20].
- Soy miembro del Cuerpo de Cristo [ver 1 Corintios 12:27].
- Soy santo y fiel [ver Efesios 1:1].
- He sido adoptado como hijo de Dios [ver Efesios 1:5].
- Tengo acceso directo a Dios por medio del Espíritu Santo [ver Efesios 2:18].
- He recibido redención y perdón por todos mis pecados [ver Colosenses 1:14].
- Estoy completo en Cristo [ver Colosenses 2:10].

Rechazo la mentira de que soy culpable y que estoy desprotegido, solo o desamparado. En Cristo *estoy seguro*. **Dios dice:**
- Soy libre de condenación [ver Romanos 8:1-2].
- Sé que todas las cosas obran para bien [ver Romanos 8:28].
- Soy libre de cualquier acusación contra mí [ver Romanos 8:31-34].
- No se me puede separar del amor de Dios [ver Romanos 8:35-39].
- Estoy confirmado, ungido y sellado por Dios [ver 2 Corintios 1:21-22].
- Estoy persuadido que el Dios que comenzó la buena obra en mí la perfeccionará [ver Filipenses 1:6].
- Soy ciudadano del cielo [ver Filipenses 3:20].
- Estoy escondido con Cristo en Dios [Colosenses 3:3].
- No se me ha dado espíritu de temor sino de poder, amor y dominio propio [ver 2 Timoteo 1:7].
- Puedo hallar gracia y misericordia que me ayuden en tiempo de necesidad [ver Hebreos 4:16].
- Soy nacido de Dios, y el diablo no puede tocarme [ver 1 Juan 5:18]

Rechazo la mentira de que soy indigno, inadecuado, desvalido y que no tengo esperanza. En Cristo *soy importante*. Dios dice:

- Soy la sal de la tierra y la luz del mundo [ver Mateo 5:13-14].
- Soy un pámpano o rama de la vid verdadera, Jesús, un canal de su vida [ver Juan 15:1, 5].
- Dios me ha escogido y señalado para llevar fruto [ver Juan 15:16].
- He recibido poder del Espíritu y soy testigo de Cristo [ver Hechos 1:8].
- Soy un templo de Dios [ver 1 Corintios 3:16].
- Soy un ministro de reconciliación para Dios [ver 2 Corintios 5:17-21].
- Soy colaborador de Dios [ver 2 Corintios 6:1].
- Estoy sentado con Cristo en lugares celestiales [ver Efesios 2:6].
- Soy hechura de Dios, creado para buenas obras [ver Efesios 2:10].
- Tengo acceso a Dios con seguridad y confianza [ver Efesios 3:12].
- Todo lo puedo en Cristo que me fortalece [ver Filipenses 4:13].

NO SOY EL GRAN «YO SOY»,
PERO POR LA GRACIA DE DIOS SOY QUIEN SOY.
[Ver Éxodo 3:14; Juan 18:24, 28, 58; 1 Corintios 15:10].

Notas
1. Neil. T. Anderson, *Caminando con libertad*, Editorial Unilit, Miami, FL, 2000
2. Neil. T. Anderson, *Oremos en el poder del Espíritu*, Editorial Unilit, Miami, FL, 2004
3. Neil. T. Anderson y Michael Jacobson, *La verdad sobre la medicina alternativa*, Editorial Peniel, Buenos Aires, Argentina, 2004.
4. Neil. T. Anderson, *Biblia Libertad en Cristo*, Zondervan Publishing House, Grand Rapids, MI, 2001.

Décima sesión
RELACIONES SANTAS

JESÚS LE DIJO: AMARÁS AL SEÑOR TU DIOS CON TODO TU CORAZÓN,
Y CON TODA TU ALMA, Y CON TODA TU MENTE. ESTE ES EL PRIMERO
Y GRANDE MANDAMIENTO. Y EL SEGUNDO ES SEMEJANTE: AMARÁS
A TU PRÓJIMO COMO A TI MISMO. DE ESTOS DOS MANDAMIENTOS
DEPENDE TODA LA LEY Y LOS PROFETAS.
MATEO 22:37-40

PALABRA

En esta sesión consideraremos derechos, compromisos, juicio, disciplina, responsabilidad ante otros y necesidades de los demás. El gran mandamiento dice que debemos amar al Señor nuestro Dios con todo el corazón, con toda el alma, y con toda la mente, y al prójimo como a nosotros mismos (ver Mateo 22:37-39). Esto resume todo el mensaje bíblico; nuestro llamado es a enamorarnos de Dios y unos de otros. Una relación adecuada con Dios debe llevarnos a una relación adecuada con nuestro prójimo.

DERECHOS Y RESPONSABILIDADES

- Romanos 14:4
- Filipenses 2:3-5
- 1 Juan 4:19-21

SEAMOS CONSCIENTES DE NUESTROS PECADOS

- Moisés (ver Éxodo 33:18)

- Isaías (ver Isaías 6:5)

- Pedro (ver Lucas 5:3-8)

A. **Disciplina en vez de juicio**

   1. Disciplina (ver Hebreos 12:5-11)

   2. Juicio

B. **Disciplina en vez de castigo**

Aprendamos a no estar a la defensiva (Ver 1 Pedro 2:23)

A. Vergüenza, culpa, gracia

B. Autoridad y responsabilidad ante otros (ver 1 Tesalonicenses 2:5-8)
Dios ha establecido líneas de autoridad. Si no lo hubiera hecho, no habría más que anarquía en la sociedad. También tenemos una gran necesidad de rendir cuentas a alguien.

Lista A
1. Autoridad
2. Responsabilidad ante otro
3. Afirmación
4. Aceptación

Lista B
1. Aceptación
2. Reconocimiento de méritos
3. Responsabilidad ante otro
4. Autoridad

Cómo expresar nuestras necesidades (ver Lucas 6:38; Tito 3:14)

Cuando no se están supliendo las necesidades apremiantes, es primordial que les permitamos a las personas saber acerca de esas necesidades. Es orgullo dejar que otros supongan que no tenemos necesidades o negarnos a hacer partícipes a los demás de esas necesidades.

Uno de los pequeños secretos de la vida

De todos modos
Las personas son irrazonables, ilógicas y egoístas.
De todos modos ámalas.
Si haces lo bueno, las personas te acusarán de egoísta
y de que tienes motivos ocultos.
De todos modos haz lo bueno.
Si triunfas, ganarás falsos amigos y verdaderos enemigos.
De todos modos triunfa.
El bien que hagas hoy será olvidado mañana.
De todos modos haz el bien.
La sinceridad y la franqueza te vuelven vulnerable.
De todos modos sé sincero y franco.
Las personas más importantes con las ideas más fabulosas pueden ser derribadas por los individuos más insignificantes con las mentes más pequeñas.
De todos modos piensa en grande.
La gente está a favor de los que están abajo, pero siguen a los que están arriba.
De todos modos lucha por los que están abajo.
Aquello en lo que gastas años construyendo
se puede destruir de la noche a la mañana.
De todos modos construye.
Las personas necesitan ayuda, pero te podrían atacar si les ayudas.
De todos modos ayuda a las personas.
Da al mundo lo mejor de ti y te humillarán.
De todos modos da lo mejor de ti[1].

TESTIMONIO

1. Ser embajador de Cristo y tener un testimonio positivo se relaciona directamente con nuestra capacidad de amar a otros. ¿Cómo puedes ser un buen vecino para quienes viven en tu calle? Es decir, ¿cómo puedes amar a tu prójimo como a ti mismo?

2. ¿Qué necesidades tiene tu prójimo que tú podrías suplir?

3. ¿Cómo podrías conocer mejor a tu prójimo para así tener una mejor idea de cuáles son sus necesidades?

4. ¿Qué necesidades tienes en común con tu prójimo?

PREGUNTAS PARA DISCUTIR

1. ¿Cuál es tu responsabilidad con relación a ti y a tu prójimo?

2. ¿Por qué la gente tiende a juzgar a los demás y a fijarse solamente en sus propias necesidades?

3. ¿Qué problema hay con que te vuelvas crítico de otros e inconsciente de tus propios pecados, y qué puedes hacer al respecto?

4. ¿Por qué no debemos ser la conciencia de otra persona? ¿Qué sucederá si tratamos de serlo?

5. ¿Qué ocurre si resaltamos los derechos por sobre las responsabilidades?

6. ¿Cuál es la diferencia entre juzgar y disciplinar?

7. ¿Cuál es la diferencia entre disciplinar y castigar?

8. ¿Deberías ponerte a la defensiva si alguien ataca tu carácter? ¿Por qué sí o por qué no?

9. Narra una experiencia personal en que alguien en autoridad exigió responsabilidad sin reconocimiento de méritos ni aceptación. ¿Cómo respondiste a esa persona? ¿Cómo saber que esto afectará tu ministerio o tu paternidad?

10. ¿Cómo podemos hablar de una necesidad sin que nos salga el tiro por la culata?

LLÉVALO CONTIGO

Sugerencia para momentos de quietud
Lee Lucas 6:27-42 durante la semana entrante, y piensa en qué forma te relacionas con tus familiares, amigos y vecinos. Examina tu corazón y pídele al Espíritu Santo que te revele si tienes que pedirle perdón a alguien. Si alguien llega a tu mente, anda donde está esa persona y déclarale con claridad qué has hecho mal; luego pídele perdón. (**Observación:** No escribas una carta que se pueda malinterpretar o usar en tu contra.)

La Gran Pregunta
Antes de la próxima sesión, considera la siguiente pregunta:

¿Cómo puedes fijar propósitos para tu vida que sean consecuentes con la voluntad de Dios?

Nota
1. Madre Teresa, «De todos modos», *Famous Quotes.com*.
   http://famousquotes.com/Search.php?search=Teresa&field=LastName&paint=1; accesado el 27 de octubre de 2003.

Undécima sesión
PROPÓSITOS Y DESEOS

EL PROPÓSITO DE ESTE MANDAMIENTO ES EL AMOR NACIDO DE CORAZÓN
LIMPIO, Y DE BUENA CONCIENCIA, Y DE FE NO FINGIDA.

1 TIMOTEO 1:5

PALABRA

Los propósitos de Dios con nosotros son definibles, defendibles y alcanzables por fe. Debemos aprender a diferenciar entre los propósitos divinos y los deseos personales. Si tenemos propósitos malos, los resultados se verán en el modo en que vivimos. Los propósitos malos pueden verse obstaculizados (lo que en consecuencia produce enojo), pueden ser inciertos (y por tanto producen ansiedad) e imposibles de alcanzar (lo cual lleva a la depresión).

ANDEMOS EN LA SENDA ADECUADA

LOS SENTIMIENTOS SON BANDERAS ROJAS DE ADVERTENCIA DIVINA

A. El enojo es señal de un propósito obstaculizado

B. La ansiedad es señal de un propósito incierto

C. La depresión es señal de una meta imposible de alcanzar

Reacciones erróneas ante quienes frustran propósitos

A. Control o manipulación de personas o circunstancias

B. Enojo y amargura

C. Hacerse el mártir

Convirtamos los propósitos malos en buenos

Dios no pone metas que no podamos cumplir. Sus metas son posibles, seguras y alcanzables.

Propósitos en vez de deseos

- Un propósito divino es cualquier orientación específica que refleja el plan de Dios para nuestra vida, y que no depende de personas o circunstancias fuera de nuestra capacidad o derecho de controlar.

- Un deseo piadoso es cualquier resultado específico que depende de la cooperación de otras personas, del triunfo en acontecimientos, o de circunstancias favorables, lo cual no tenemos derecho o capacidad de controlar.

Propósito principal de Dios con nosotros

El propósito de Dios con nosotros es que lleguemos a ser las personas que Él quiso que fuéramos. La santificación es la voluntad del Señor, su propósito, para nuestra vida (ver 1 Tesalonicenses 4:3). Existen distracciones, diversiones, desilusiones, sufrimientos, tentaciones y traumas que aparecen para interrumpir el proceso; sin embargo, las tribulaciones que enfrentamos son en realidad un medio de alcanzar el propósito supremo de conformarnos a la imagen de Dios.

«Desilusión o su ilusión».
Quito tres letras y entonces veo
que la frustración de mi propósito
es la mejor decisión de Dios para mí.
Su ilusión es dar bendición,
aunque podría llegar disfrazada,
porque el final desde el principio
abierto está a su sabiduría.

«Desilusión o su ilusión».
Ningún bien se ocultará,
de rechazos recogemos
tesoros del amor grande de Dios.
Bien sabe Él que todo propósito destruido
lleva a una confianza más plena y más profunda,
Y al final de todos sus tratos
se prueba que nuestro Dios es sabio y justo.

«Desilusión o su ilusión».
Señor, entonces lo tomo como es.
Como arcilla en manos de un alfarero,
me rindo por completo a tu toque.
El plan de mi vida es que me moldees;
que ni una sola decisión sea mía;
Permite que conteste sin quejarme:
«Padre: Hágase tu voluntad, no la mía»[1].

TESTIMONIO

¿En qué sentido distinguir entre propósitos y deseos te puede hacer un mejor testigo?

PREGUNTAS PARA DISCUTIR

1. Si propósitos y deseos son algo que adoptas en tu mente, ¿cómo puedes conocer emocionalmente si estás en el centro de la voluntad de Dios?

2. ¿Cómo suele reaccionar el mundo ante metas obstaculizadas? ¿Cuál ha sido tu reacción normal?

3. ¿Por qué es inseguro un manipulador o controlador? ¿Qué creencias falsas está albergando tal individuo?

4. ¿Cuál es el propósito principal de Dios para tu vida? ¿Por qué no se puede obstaculizar ese propósito?

5. ¿Cómo el fruto del Espíritu constituye la antítesis de los propósitos falsos?

6. ¿Cómo establece un cristiano una legítima autoestima?

7. ¿Cómo puedes vivir de modo que no tropieces, y si no estás viviendo de ese modo, qué debes hacer al respecto?

LLÉVALO CONTIGO

Sugerencia para momentos de quietud

Esta semana venidera saca tiempo para evaluar tu fe al completar la siguiente evaluación de fe. Traza un círculo en el número que describe mejor tu respuesta a cada pregunta; luego completa la frase que sigue a cada pregunta. (Observación: *No* se te pedirá que le digas tus resultados al grupo. Esta es una evaluación personal que te ayuda a calificar tu propia fe).

	Bajo				Alto
1. ¿Cuán triunfador soy? Tendría más éxito si…	1	2	3	4	5
2. ¿Cuán importante soy? Sería más importante si…	1	2	3	4	5
3. ¿Cuán realizado estoy? Estaría más realizado si…	1	2	3	4	5
4. ¿Cuán satisfecho estoy? Estaría más satisfecho si…	1	2	3	4	5
5. ¿Cuán feliz soy? Sería más feliz si…	1	2	3	4	5
6. ¿Cuán bien la estoy pasando? Estaría pasándola mejor si…	1	2	3	4	5
7. ¿Cuán seguro soy? Sería más seguro si…	1	2	3	4	5
8. ¿Cuánta paz siento? Sentiría más paz si…	1	2	3	4	5

La Gran Pregunta

Antes de la próxima sesión, considera la siguiente pregunta:

> Si descubres que tus propósitos no son iguales a los propósitos de Dios para tu vida, ¿qué debes hacer para cambiar tu enfoque?

Nota
1. Fuente desconocida.

Duodécima sesión
ANDEMOS EN EL BUEN CAMINO

No lo digo porque tenga escasez, pues he aprendido a contentarme, cualquiera que sea mi situación. Sé vivir humildemente, y sé tener abundancia; en todo y por todo estoy enseñado, así para estar saciado como para tener hambre, así para tener abundancia como para padecer necesidad. Todo lo puedo en Cristo que me fortalece.

FILIPENSES 4:11-13

PALABRA

Cada uno de nosotros vive por fe. Debemos examinar lo que creemos y renovarnos la mente según la Palabra de Dios si hemos de triunfar y vivir satisfechos y contentos. En esta última sesión examinaremos a la luz de la Biblia lo que creemos en cuanto a ocho aspectos de nuestra vida personal.

Pautas divinas para caminar en fe

A. **Éxito (Concepto clave: Metas)**
Éxito es aceptar los propósitos de Dios en cuanto a nuestra vida y, por su gracia, llegar a ser quienes Él nos ha llamado a ser (ver Josué 1:7-8; 2 Pedro 1:3-10; 3 Juan 2).

B. **Trascendencia (Concepto clave: Tiempo)**
Lo que se ha olvidado con el paso del tiempo es de poca trascendencia. Lo que se recuerda por la eternidad es de mayor trascendencia (ver Hechos 5:33-40; 1 Corintios 3:13; 1 Timoteo 4:7-8).

C. **Realización personal (Concepto clave: Papel que se prefiere desempeñar)**
   Realización es descubrir nuestra singularidad en Cristo y usar nuestros dones para edificar a otros y glorificar al Señor (ver Mateo 25:14-30; Romanos 12:1-18; 2 Timoteo 4:5).

D. **Satisfacción (Concepto clave: Calidad)**
   Satisfacción es vivir en rectitud y tratar de levantar la calidad de las relaciones, los servicios y los frutos en que participamos (ver Proverbios 18:24; Mateo 5:5; 2 Timoteo 4:7).

E. **Felicidad (Concepto clave: Querer lo que se tiene)**
   Felicidad es estar agradecidos por lo que tenemos en vez de mirar lo que no tenemos (ver Filipenses 4:12; 1 Tesalonicenses 5:18; 1 Timoteo 6:6-8).

F. **Diversión (Concepto clave: Espontaneidad desinhibida)**
   El secreto de divertirnos es eliminar obstáculos contrarios a la Biblia como guardar las apariencias (ver 2 Samuel 6:20-22; Romanos 14:22; Gálatas 1:10; 5:1).

G. **Seguridad (Concepto clave: Relación con lo eterno)**
   La inseguridad llega cuando dependemos de cosas que desaparecerán en vez de depender de cosas que durarán para siempre (ve Juan 10:27-29; Romanos 8:31-39; Efesios 1:13-14).

H. **Paz (Concepto clave: Establecer orden interno)**
   La paz de Dios es interna, no externa (ver Isaías 32:17; Jeremías 6:14; Juan 14:27; Filipenses 4:6-7).

- Paz en la tierra es lo que queremos.
- Paz con Dios es algo que ya tenemos.
- Paz de Dios es algo que necesitamos.

TESTIMONIO

¿Cómo puedes ser un buen embajador de Cristo?

PREGUNTAS PARA DISCUTIR

1. ¿Cómo pueden los políticos, comerciantes o científicos de éxito vivir conforme a la Palabra de Dios?

2. ¿De qué depende tu éxito como cristiano?

3. ¿Qué llama «trascendente» el mundo que a la luz de la eternidad es en realidad intrascendente?

4. ¿Cómo se puede vivir una vida más plena?

5. ¿Puede satisfacerse cualquier cosa que ansía la carne?

   ¿Qué satisface y sigue satisfaciendo?

6. ¿Cómo se puede ser feliz de verdad en este mundo?

7. ¿Cómo puedes experimentar el gozo del Señor y hacer más divertida tu experiencia cristiana?

8. ¿Qué te hace sentir inseguridad?

   ¿Cómo podrías ser más seguro?

9. ¿Qué tienen que ver los propósitos y los deseos con la posibilidad de experimentar paz?

10. ¿Qué clase de paz puedes tener y cómo lograrla?